O Destino do Erudito

Johann Gottlieb Fichte

Tradução: Ricardo Barbosa

edição brasileira© Hedra 2014
tradução© Ricardo Barbosa
organização© Ricardo Barbosa

título original Einige Vorlesungen über die Bestimmung des Gelehrten

edição Jorge Sallum
coedição Luis Dolhnikoff
assistência editorial Luan Maitan
revisão Luis Dolhnikoff
capa Julio Dui
imagem da capa NGA National Gallery of Art

ISBN 978-85-7715-355-8
corpo editorial Adriano Scatolin,
Caio Gagliardi,
Fábio Mantegari,
Fernando Quinteiro,
Iuri Pereira,
Jorge Sallum,
Luis Dolhnikoff,
Oliver Tolle,
Ricardo Musse,
Ricardo Valle,
Rogério de Campos,
Tales Ab'Saber

Grafia atualizada segundo o Acordo Ortográfico da Língua Portuguesa de 1990, em vigor no Brasil desde 2009.

Direitos reservados em língua portuguesa somente para o Brasil

EDITORA HEDRA LTDA.
R. Fradique Coutinho, 1139 (subsolo)
05416–011 São Paulo SP Brasil
Telefone/Fax +55 11 3097 8304

editora@hedra.com.br
www.hedra.com.br

Foi feito o depósito legal.

O DESTINO DO ERUDITO
Johann Gottlieb Fichte

Ricardo Barbosa (*organização*)

1ª edição

hedra

São Paulo_2014

Johann Gottlieb Fichte (Rammenau, 1762–Berlim, 1814), filósofo, é um dos principais representantes do idealismo alemão. De origem modesta, estudou teologia em Jena e Leipzig, obtendo seu sustento de aulas particulares. Em 1790, conhece a obra de Kant, que lhe causa profundo impacto. No ano seguinte, viaja a Königsberg para conhecer o autor da *Crítica da razão pura*. Publica em 1792, anonimamente, *Ensaio de uma crítica de toda revelação*. Por algum tempo, a obra é atribuída a Kant. Quando a autoria é revelada, ganha fama no meio acadêmico e recebe um convite para lecionar na Universidade de Jena. Com a publicação, em 1794–95, da *Fundação de toda a doutrina da ciência*, lança as bases de seu pensamento, que assume o kantismo como ponto de partida, mas recusa a sua tese da coisa-em-si. Fichte radicaliza o subjetivismo ao afirmar o "Eu absoluto" como princípio de toda filosofia, a qual deve ser eminentemente prática. Em 1799, é acusado formalmente de ateísmo e é obrigado a abandonar a cátedra em Jena. Volta a ministrar aulas particulares e também profere conferências públicas em prol do nacionalismo alemão. Em 1810, é admitido na recém-inaugurada Universidade de Berlim, da qual se tornará reitor. Morre de cólera em 1814.

Ricardo Barbosa é doutor em filosofia pela Pontifícia Universidade Católica do Rio de Janeiro (PUC-RJ), com pós-doutorado pela Universidade Livre de Berlim e pelo Arquivo Alemão de Literatura/ Museu Nacional Schiller. É professor do Departamento de Filosofia da Universidade do Estado do Rio de Janeiro e autor de *Dialética da reconciliação: estudo sobre Habermas e Adorno* (Uapê, 1986), *Schiller e a cultura estética* (Jorge Zahar, 2004) e *A formação pela ciência. Schelling e a ideia de universidade*, (Eduerj, 2010). Traduziu, de Friedrich Schiller, *Kallias ou sobre a beleza, a correspondência entre Schiller e*

Körner, janeiro-fevereiro de 1793 (Zahar, 2002), *Fragmentos das preleções sobre estética do semestre de inverno de 1792-3* (UFMG, 2004) e *Cultura estética e liberdade* (Hedra, 2009), entre outras.

Sumário

Informe preliminar	9
Primeira preleção: Sobre a destinação do homem em si	15
Segunda preleção: Sobre a destinação do homem na sociedade	31
Terceira preleção: Sobre a diversidade das categorias na sociedade	47
Quarta preleção: Sobre a destinação do erudito	63
Quinta preleção: Exame das afirmações de Rousseau sobre a influência das artes e das ciências sobre o bem-estar da humanidade	79
POSFÁCIO	93
Fichte e o ethos do erudito, por Ricardo Barbosa	95

Informe preliminar

[25] Estas preleções foram realizadas no semestre de verão passado perante um número considerável dos jovens que estudam conosco.[1] Elas são o ingresso num todo que o autor quer concluir e, a seu tempo, apresentar ao público.[2] Um motivo externo, que em nada pode contribuir nem para o correto ajuizamento nem para a correta compreensão destas páginas, o moveu a deixar que se imprimissem separadamente estas cinco primeiras preleções e,

---

1. No *Catalogus praelectionum* do semestre de verão de 1794 lia-se: "*Publice locum de officiis eruditorum exponet*". Como de costume, a "*Intelligenzblatt*" da *Allgemeine Literaturzeitung* (n°34, 12 de abril de 1794, col. 268) também informava: "A doutrina dos deveres do erudito será tratada pelo mesmo [Prof. Fichte] em preleções públicas". Fichte iniciou essa série de preleções — também anunciadas por ele sob o título "Moral für Gelehrte" (Moral para eruditos) — a 23 de maio. Elas eram realizadas às sextas-feiras, das 18 às 19 horas, no grande auditório da Universidade de Jena. Entre as centenas de ouvintes estavam Friedrich Schiller, Wilhelm von Humboldt e Friedrich Hölderlin. Enquanto as preleções *privadas* eram destinadas a estudantes matriculados, que pagavam por elas, as preleções públicas eram abertas a todos os cidadãos interessados.

2. A presente obra contém as cinco primeiras preleções de um ciclo bem mais amplo. No período seguinte — o do semestre de inverno de 1794–95 — Fichte continuou a abordar o tema em suas preleções públicas: "*Publice die atque hora adhuc indicanda de officiis eruditorum disserere perget*", anunciava o *Catalogus praelectionum* da universidade, ao mesmo tempo em que a *Allgemeine Literaturzeitung* (n° 104, de 13 de setembro de 1794) noticiava: "O Sr. Prof. Fichte continuará suas preleções sobre os deveres do erudito".

O DESTINO DO ERUDITO

na verdade, exatamente como ele as apresentou, sem nelas alterar uma palavra.[3] Que isso possa desculpá-lo por algum descuido na expressão. — Por causa dos seus demais trabalhos,[4] ele não pôde desde o início dar a esses escritos aquele acabamento que lhes desejava. Auxilia--se a exposição oral pela declamação. Modificá-los para a impressão teria contrariado um propósito secundário desta.[5]

---

3. O "motivo externo" ao qual Fichte se refere foi de fato a razão imediata da publicação das cinco preleções, literalmente como foram redigidas e apresentadas. Em meados de junho de 1794 chegou a Weimar o boato de que Fichte teria dito aos seus ouvintes que "em dez a vinte anos não mais haverá reis ou príncipes" (cf. carta de Christian Gottlob Voigt a Goethe, de 15 de junho de 1794, *GA* I/3, 13). Esta suposta afirmação veio ao encontro das suspeitas dos que viam na vinda de Fichte para Jena uma ameaça aos costumes e às instituições do Ducado da Saxônia-Weimar-Eisenach, em virtude da fama de "jacobino" e "democrata" que lhe valeram dois polêmicos escritos anonimamente publicados no ano anterior: *Reivindicação da liberdade de pensamento aos príncipes da Europa que até agora a oprimiram* e *Contribuições para a retificação do juízo do público sobre a Revolução Francesa*. Como prova de que não fizera tal afirmação, Fichte comunicou a Goethe — ou seja, àquele que, afinal, fora o responsável pelo seu ingresso na Universidade de Jena — que publicaria na íntegra as *quatro* preleções que proferira até o momento e que contava com todo o apoio e a proteção do Duque Karl August. A ideia de acrescentar a quinta preleção, sobre Rousseau, ocorreu-lhe pouco depois.

4. Paralelamente às preleções públicas, Fichte oferecia preleções privadas sobre a parte *teórica* da doutrina da ciência. A *Fundação de toda a doutrina da ciência. Como manual para seus ouvintes* (1794–95) e o *Compêndio do que é peculiar à doutrina da ciência no que diz respeito à faculdade teórica* (1795) foram escritos precisamente sob essas circunstâncias.

5. Fichte não se destacava apenas pelo rigor dos seus argumentos. Segundo muitos depoimentos, ele foi também um orador notável. Não fosse a necessidade de por fim aos boatos que o ameaçavam, Fichte provavelmente teria realizado seu propósito de publicar

INFORME PRELIMINAR

Encontram-se nessas preleções várias declarações que não agradarão a todos os leitores. Mas não cabe fazer por isso nenhuma censura ao autor, pois em suas investigações não lhe preocupou se algo agradaria ou desagradaria, e sim se poderia ser verdadeiro; e o que,

---

as preleções como um todo completo, livre de certas imperfeições, de resto desculpáveis num texto escrito para ser comunicado oralmente. No entanto, não se deve esquecer o quanto a *declamação* era essencial para ele. Isso explica certas características do texto, a começar pela pontuação. Ela satisfaz muito mais a exigências retóricas que sintáticas. Esse traço estilístico está presente em outros de seus escritos populares e foi uma das razões pelas quais Schiller se recusou a publicar em *Die Horen* uma contribuição de Fichte: "Sobre espírito e letra na filosofia. Numa série de cartas". Na polêmica que se seguiu a esta recusa, documentada pelo que restou da correspondência que ambos mantiveram entre junho e agosto de 1795, Fichte atacava o estilo — segundo ele ilicitamente poético — das cartas de Schiller sobre a educação estética do homem, que vinham sendo publicadas em *Die Horen*, ao mesmo tempo em que se defendia: "A aparência de dureza na construção dos meus períodos se deve em sua maior parte a que os leitores não sabem declamar. Ouça-me ler certos períodos meus, e assim espero que devam perder sua dureza. Mas o senhor tem razão: nosso público sequer pode declamar; e o melhor que se faz é, como Lessing, tomar suas próprias medidas." Carta a Schiller, Oßmannstädt, 27 de junho de 1795 (*GA* III/2, 339–40). — Numa carta a seu irmão August, de 17 de agosto de 1795, Friedrich Schlegel escreveu: "O maior pensador metafísico que vive *agora* é um escritor muito popular. [...] Compare a arrebatadora eloquência deste homem nas preleções sobre a destinação do erudito com os estilizados exercícios de declamação de Schiller. Ele é um daqueles por quem Hamlet suspiraria em vão: cada traço de sua vida pública parece dizer: isto é um *homem*." *J G Fichte im Gespräch. Berichte der Zeitgenossen. Bd. 1: 1762–1798*. Edição de E Fuchs com a colaboração de R Lauth e W Schieche. Stuttgart: Frommann-Holzboog, 1978, p 297. Àquela altura, "filosofar" e "fichtear" (*fichtisiren*) significavam o mesmo para F Schlegel e Novalis (cf. op.cit., p 432 e 442).

segundo o seu melhor saber, considerava verdadeiro, ele o disse tão bem quanto pôde.[6]

Mas, além daquela espécie de leitores que têm as suas razões para se desagradar com o que é dito aqui, poderia ainda haver outros que o tomam ao menos por inútil, porque não se deixa realizar e porque nada lhe corresponde no mundo efetivo, tal como ele enfim é; e é mesmo de se temer que a maior parte [26] das pessoas, de resto íntegras, ordeiras e sóbrias, assim julgará. Pois, ainda que em todas as épocas o número daqueles que foram capazes de se elevar às ideias tenha sido bastante pequeno, contudo, por motivos que posso muito bem silenciar aqui, esse número nunca foi tão pequeno quanto justamente agora. Embora no círculo que a experiência habitual traçou ao nosso redor as pessoas pensem por si mesmas mais universalmente e julguem mais corretamente do que talvez antes, a maioria se encontra completamente equivocada e cega tão logo deva ir além deste, ainda que apenas um palmo. Se é impossível reacender nessas pessoas a centelha uma vez extinta do gênio superior, tem-se que deixá-las tranquilas naquele círculo e, na medida em que nele são úteis e indispensáveis, conceder-lhes inteiramente o seu valor no e para o mesmo. Mas se por isso elas então pretendem rebaixar a si tudo a que não podem se elevar; se, por exemplo, exigem que todo o impresso deva se deixar usar como um livro de receitas, um livro de aritmética ou um regulamento de serviço, e desacreditam de tudo o que não se deixa utilizar assim, então cometem uma grande injustiça.

Que os ideais não se deixem apresentar no mundo efetivo, sabemos disso talvez tão bem como tais pessoas,

---

6. Mais uma vez, Fichte alude aqui aos seus detratores.

INFORME PRELIMINAR

talvez melhor. Afirmamos apenas que a realidade tem de ser ajuizada de acordo com eles e modificada por aqueles que sentem em si força para isso.[7] Posto que elas também não pudessem se convencer disso, então perdem muito pouco, pois enfim são o que são; e a humanidade nada perde com isso. Torna-se assim simplesmente claro que apenas não contou-se com elas no plano do enobrecimento da humanidade. Esta sem dúvida continuará o seu caminho. Que a bondosa natureza queira reinar sobre elas e conceder-lhes, na época certa, chuva e luz solar, alimento salutar e tranquila circulação dos humores, e, além disso — pensamentos inteligentes!

Jena, na Feira de S Miguel, 1794[8]

---

7. Eis aqui, em poucas e claras palavras, em que consiste o *espírito* do idealismo transcendental na crítica ao existente, especialmente às instituições morais e políticas. A ênfase no suprassensível não se consuma ao preço de uma simples desqualificação "niilista" do sensível, e sim em proveito do refinamento do senso de *realidade* na própria dinâmica do confronto dos fatos com as ideias. As palavras de Fichte também expressam com igual clareza o quanto o idealismo transcendental, pela força mesma da insuperável *não identidade entre o ideal e o real*, é impermeável a qualquer espécie de "reconciliação com a realidade" e, à sua maneira, fortemente inconformista. Se os fatos não concordam com o que diz a razão prática, pior para os fatos, pois são *eles* que terão de ser modificados. A progressiva assimilação do existente às leis da razão, como mostra Fichte nessas preleções, é a mais alta tarefa do homem — uma tarefa infinita, posto que a destinação do homem é aproximar-se infinitamente do que lhe é inalcançável como ser racional, mas finito, livre, mas sensível: a *perfeita* identidade do real e do ideal, do empírico e do racional.

8. Trata-se da famosa feira do livro que ocorria todos os anos, no início do outono, à época do dia de São Miguel (29 de setembro), e por isso chamada de *Michaelismesse* — Feira de São Miguel. A de

O DESTINO DO ERUDITO

1794 estendeu-se de 28 de setembro a 19 de outubro. As feiras do livro costumavam durar três semanas (cf. V Waibel, "Wechselbestimmung. Zum Verhältnis von Hölderlin, Schiller und Fichte in Jena", in *Fichte-Studien*, 12, 1997, p 48, n.5). Jena e Leipzig, a capital alemã do livro, sediavam duas grandes feiras: a da Páscoa (*Ostmesse*) e a de São Miguel.

Primeira preleção: Sobre a destinação do homem em si

O propósito das preleções que hoje inauguro é em parte conhecido dos senhores.[1] Gostaria de responder ou, an-

---

1. Fichte se refere aqui aos ouvintes que já teriam lido seu escrito-programa, *Sobre o conceito da doutrina da ciência ou da assim chamada filosofia*, cujo último parágrafo trazia o anúncio deste ciclo de preleções públicas: "Como sem dúvida é do conhecimento de todos vós, as ciências não foram descobertas para uma ociosa ocupação do espírito e para os carecimentos de um luxo mais refinado. Pois então o erudito pertenceria justamente à classe à qual pertencem todos os instrumentos vivos deste luxo, que não é nada mais que luxo, e mesmo nesta classe poderiam lhe negar o posto mais alto. Toda a nossa pesquisa deve dirigir-se ao fim supremo da humanidade, ao enobrecimento da espécie de que somos membros, e os discípulos da ciência têm de difundir ao seu redor, como a partir de um centro, a humanidade no sentido supremo da palavra. Todo acréscimo que a ciência recebe aumenta os deveres dos seus servidores. Torna-se pois sempre mais necessário considerar muito seriamente as seguintes questões: qual é a destinação própria do erudito, em qual posição ele está colocado na ordem das coisas, em quais relações estão os eruditos entre si mesmos, com os demais homens em geral e particularmente com as suas categorias (*Stände*) específicas, como e por quais meios podem eles cumprir da maneira mais hábil com os deveres que lhes estão postos por estas relações, e como devem se formar para esta habilidade? São estas as perguntas que procurarei responder nas preleções públicas que anunciei sob o título *Moral para eruditos*. Não esperai destas conversas uma ciência sistemática; ao erudito falta com mais frequência o agir que o saber. Permiti antes que nestas horas, como uma sociedade de amigos unida por mais que

O DESTINO DO ERUDITO

tes, gostaria, meus senhores, de incitar-lhes a responder
as seguintes questões: Qual é a destinação do erudito?
Qual é a sua relação com o conjunto da humanidade bem
como com as suas categorias particulares? Através de
quais meios ele pode alcançar de modo mais seguro sua
sublime destinação?

O erudito só é um erudito na medida em que é contraposto a outros homens que não o são; seu conceito surge
por comparação, por referência à sociedade. Entende-se
por esta não apenas o Estado, mas em geral toda agrega-
ção de homens racionais que vivem juntos no espaço e
são assim postos em relações mútuas.

A destinação do erudito, na medida em que ele é
mesmo isso, é então concebível apenas na sociedade; e,
portanto, a resposta à pergunta: qual é a destinação do
erudito?, pressupõe a resposta a uma outra, que é a seguinte: qual é a destinação do homem na sociedade?

A resposta a esta pergunta pressupõe, por sua vez, a
resposta a uma outra ainda mais elevada: qual é a destinação do homem em si?, ou seja, do homem na medida em que é pensado apenas como homem, apenas segundo o conceito do homem em geral — isolado e fora de
toda vinculação que não esteja necessariamente contida
no seu conceito.[2]

Permito-me lhes dizer agora, sem que apresente uma
prova, o que sem dúvida já há tempos está demonstrado

---

um único laço, nos despertemos para o alto e ardente sentimento dos
deveres que temos em comum." J G Fichte, *Über den Begriff der Wissenschaftslehre oder der sogenannten Philosophie.* Stuttgart: Reclam,
1991, p 76 (A 67–8).

2. "Que se tenha o cuidado de não estender demasiadamente
o alcance desta proposição. No conceito de homem *em geral*,
prescindindo-se das condições empíricas de sua *existência efetiva*,

PRIMEIRA PRELEÇÃO

para muitos entre os senhores e que outros sentem obs-

---

seguramente não se encontra a nota característica de que ele esteja em associação com outros homens; e quando se fala da destinação que o homem enquanto homem possui, tem-se de prescin-
dir indiscutivelmente daquelas condições empíricas. Mas um homem
efetivo, o homem em sua inteira determinação, só se deixa conceber
enquanto indivíduo, quer dizer, ele pode tornar-se consciente de si
mesmo somente enquanto indivíduo. Mas o conceito de indivíduo
é um mero conceito recíproco: 'eu sou tal e tal' quer dizer: 'eu *não*
sou um certo outro'; e, de resto, isto não diz nada. Além disto, homens efetivos são possíveis apenas na medida em que estão em associação com outros homens iguais a eles. Nenhum homem existe
isolado; e o conceito de um indivíduo postula o conceito do seu gênero. Em sua *Fundação do direito natural* (Jena, 1796) o autor de-
duziu isto a partir de princípios transcendentais." Nota de Fichte à
edição dinamarquesa (1796) in H Schulz, "Zusätze Fichtes zu seinen
Vorlesungen über die Bestimmung des Gelehrten", in *Kant-Studien*,
XXV, 2/3, 1920, p 204–5 e "Zusätze in der dänischen Ausgabe von
1796", in J G Fichte, *Von den Pflichten der Gehlerten. Jenaer Vorlesungen 1795/95*. Edição de R Lauth, H Jacob e P K Schneider. Hamburgo:
Felix Meiner, 1971, p 119. A dedução daquela tese será delineada na
segunda preleção, "Sobre a destinação do homem na sociedade", e
rigorosamente retomada na primeira parte da *Fundação do direito
natural segundo os princípios da doutrina da ciência*, onde Fichte observa o seguinte acerca do nexo entre os conceitos de indivíduo e
gênero: "O homem (assim como todos os seres finitos em geral) se
torna um homem somente entre homens; e como não pode ser outra
coisa senão um homem, e de maneira alguma existiria se não fosse
isto — *se devem existir homens, então têm de ser vários*. Isto não é uma
opinião arbitrariamente admitida, baseada na experiência até agora
ou sobre outras razões de verossimilhança, e sim uma verdade rigorosamente demonstrável a partir do conceito do homem. Tão logo
determinamos inteiramente este conceito, o pensamento de um indivíduo nos impele à admissão de um segundo para que possamos
explicar o primeiro. Portanto, o conceito do homem não é de modo
algum o conceito de um indivíduo, pois este é impensável, e sim o
de um gênero." J G Fichte, *Grundlage des Naturrechts nach Prinzipien
der Wissenschaftslehre*, GA I/3, 347.

curamente, mas não por isso com menos força: que a filosofia inteira, que todo pensamento e doutrina humanos, que todo o estudo dos senhores, que tudo o que agora poderei apresentar particularmente aos senhores nada mais pode visar do que a resposta às questões lançadas e, de modo inteiramente particular, à questão última e suprema: qual é a destinação do homem em geral, e através de quais meios ele pode alcançá-la da maneira mais segura?

[28] Em verdade, não é para a possibilidade do sentimento dessa destinação que é pressuposta a filosofia inteira e, a rigor, uma filosofia bem fundada e exaustiva, mas sim para o seu discernimento nítido, claro e completo. — Essa destinação do homem em si é ao mesmo tempo o objeto da minha preleção de hoje. Como veem, meus senhores, o que tenho a dizer sobre isso não pode ser inteiramente deduzido, nessa sessão de uma hora, a partir dos seus fundamentos, a menos que quisesse tratar em uma hora da filosofia inteira. Mas posso construí-lo sobre o sentimento dos senhores. — Ao mesmo tempo, os senhores veem que a pergunta a que quero responder nas minhas preleções públicas: qual é a destinação do erudito — ou, o que significa o mesmo, como resultará claro a seu tempo — a destinação do homem supremo e mais verdadeiro — é a tarefa *última* para toda investigação filosófica, assim como a pergunta: qual é a destinação do homem em geral, cuja resposta cabe a mim fundamentar nas minhas preleções privadas,[3] mas que hoje tenciono apenas indicar brevemente, é a sua tarefa *primeira*. Passo agora à resposta da pergunta proposta.

O que seria o propriamente espiritual no homem, o

---

3. Vide "Informe preliminar", nota 4.

PRIMEIRA PRELEÇÃO

Eu puro — simplesmente em si — isolado — e fora de toda relação com algo exterior a ele? — Essa pergunta é irrespondível — e, tomada com exatidão, contém uma contradição consigo mesma.[4] Com efeito, não é verdade que o Eu puro seja um produto do Não-eu — assim chamo a tudo que é pensado como se encontrando fora do Eu, a tudo que é distinguido do Eu e contraposto a ele — que o Eu puro, digo, seja um produto do Não-eu: — uma tal proposição expressaria um materialismo transcendental,[5] que é inteiramente contrário à razão — mas é seguramente verdade, e será rigorosamente demonstrado em seu lugar, que o Eu nunca se torna nem pode tornar-se consciente de si mesmo a não ser em suas determinações empíricas, e que estas determinações empíricas pressupõem necessariamente algo fora do Eu. Já o corpo do homem, que ele chama o *seu* corpo, é algo fora do Eu. Fora desta conexão ele nem sequer seria um homem, e sim algo simplesmente impensável para nós; se é que

---

4. "A nenhum dos senhores é inteiramente desconhecido que trabalhei numa filosofia transcendental rigorosamente científica, sob o nome de doutrina da ciência, e que ela é construída sobre aquilo que permanece como o Eu puro, depois de abstrair-se de tudo que pode ser abstraído. Uma tal ciência não pode oferecer outra regra senão esta: abstraia-se de tudo que se pode abstrair até que permaneça algo de que é inteiramente impossível abstrair: este permanente (*dies Übrigbleibende*) é o Eu puro, o qual, justamente por esta impossibilidade de abstrair-se dele, é, ao mesmo tempo, enquanto Eu puro, determinado inteiramente como regulativo para a faculdade de pensar; ele é aquilo de que simplesmente não se pode abstrair, pois é o próprio abstraente (*das Abstrahierende selbst*), ou — o que significa exatamente o mesmo — aquilo que põe absolutamente a si mesmo." J G Fichte, *Über den Unterschied des Geistes und des Buchstabens in der Philosophie*, GA II/3, 329.

5. Materialismo transcendental ou *transcendente*? — indagam os editores da GA (I/3, 28).

O DESTINO DO ERUDITO

ainda se pode chamar "algo" ao que nem sequer é um objeto de pensamento. Considerar o homem em si e isolado não significa, pois, considerá-lo nem aqui nem em parte alguma apenas como Eu puro, sem nenhuma relação com algo qualquer fora do seu Eu puro, e sim meramente pensá-lo fora de toda relação com seres racionais iguais a ele.

E, se ele é assim pensado, o que é a sua destinação? O que lhe cabe como [29] homem, segundo o seu conceito, que não cabe ao que não é um homem entre os seres que conhecemos? E pelo que ele se distingue de tudo o que não chamamos homem entre os seres que conhecemos?

Tenho de partir de algo positivo, e como não posso partir aqui da proposição positiva absoluta: Eu sou,[6] então, apesar disso, tenho de estabelecer como hipótese uma proposição que se encontra indelevelmente no sentimento do homem — uma proposição que é o resultado de toda a filosofia e que, deixando-se demonstrar rigorosamente, demonstrarei rigorosamente nas minhas preleções privadas — a proposição: Tão certo quanto o homem ter razão é ser ele o seu próprio fim, ou seja, ele não existe porque outra coisa deve existir — e sim existe pura e simplesmente porque *ele* deve existir: o seu mero ser é o fim último do seu ser ou, o que significa o mesmo, não se pode perguntar sem contradição por nenhum fim do seu ser. Ele é *porque* é. Este caráter do ser absoluto, do ser por via de si mesmo, é o seu caráter ou a sua destinação,

---

6. Esta proposição é estabelecida na *Fundação de toda a doutrina da ciência* — Primeira parte. Princípios de toda a doutrina da ciência, § 1. Primeiro princípio pura e simplesmente incondicionado (*sw* 1, 91ss; ed. bras., p 43). Cf. tb. *Sobre o conceito da doutrina da ciência ou da assim chamada filosofia* (*sw* 1, 69–70; ed. bras., p 27).

PRIMEIRA PRELEÇÃO

na medida em que é considerado única e exclusivamente como ser racional.

Mas ao homem não cabe apenas o ser absoluto, o ser pura e simplesmente; cabem-lhe ainda determinações particulares deste ser; *ele* não *é* apenas, mas *é também algo qualquer*; ele não diz apenas: Eu sou, mas ainda acrescenta: eu sou isto ou aquilo. Na medida em que existe em geral, ele é um ser racional; na medida em que é algo qualquer, o que então ele é? Temos essa pergunta a responder.

Ele não é *o que* é primeiramente porque *ele* existe, e sim *porque existe algo fora dele*. A autoconsciência empírica, isto é, a consciência de uma determinação qualquer em nós, não é possível sem o pressuposto de um Não-eu, como já dissemos acima e demonstraremos em seu lugar. Este Não-eu tem de agir sobre a capacidade passiva do homem, que chamamos sensibilidade. Assim, na medida em que o homem é algo, ele é um ser sensível. Ora, mas segundo o que disse acima, ele é ao mesmo tempo um ser racional, e a sua razão não deve ser suprimida pela sua sensibilidade, e sim ambas devem subsistir uma ao lado da outra. Nesta conexão, a proposição acima: o homem é porque é, transforma-se na seguinte: *o homem deve ser o que é, pura e simplesmente porque é,* ou seja, tudo que ele é deve ser referido ao seu Eu puro, à sua simples egoidade (*Ichheit*); tudo que ele é, deve sê-lo pura e simplesmente porque é um Eu; e o que ele não pode ser, porque é um Eu, não deve sê-lo de modo algum. Esta fórmula, até agora ainda obscura, será esclarecida em seguida.

O Eu puro só se deixa representar negativamente, enquanto o contrário do Não-eu, [30] cujo caráter é a diversidade — portanto, enquanto plena e absoluta unicidade, ele é sempre um e o mesmo, e jamais algo dife-

O DESTINO DO ERUDITO

rente. Portanto, a fórmula acima se deixa expressar do seguinte modo: o homem deve estar continuamente de acordo consigo mesmo; ele nunca deve contradizer-se. — Ou seja, o Eu puro nunca pode estar em contradição consigo mesmo, pois não há nele diversidade alguma, e é continuamente um e o mesmo; mas o Eu empírico, determinado e determinável pelas coisas externas, pode contradizer-se; — e sempre que se contradiz, isto é um sinal seguro de que não está determinado por si mesmo, segundo a forma do Eu puro, mas pelas coisas exteriores. Isto não deve ser assim, pois o homem é o seu próprio fim; ele deve determinar-se a si mesmo e nunca se deixar determinar por algo estranho; ele deve ser o que é porque quer sê-lo e deve querê-lo. O Eu empírico deve ser disposto como poderia ser eternamente disposto. Por conseguinte — o que acrescento meramente de passagem e a título de elucidação — expressaria o princípio fundamental da doutrina dos costumes na seguinte fórmula: Age de tal modo que possas pensar a máxima da tua vontade como lei eterna para ti.[7]

A destinação última de todos os seres racionais finitos é, portanto, a absoluta unidade, a contínua identidade, a inteira concordância consigo mesmos. Esta identidade absoluta é a forma do Eu puro e a sua única forma verdadeira; ou, antes: na pensabilidade da identidade a expressão daquela forma é *reconhecida*. Mas seja qual for a destinação que pode ser pensada como perdurando eternamente, ela é conforme a forma pura do Eu. Que não se compreenda isso pela metade e nem unilateralmente. Não apenas a vontade deve estar sempre de acordo con-

---

7. Este princípio evoca o imperativo categórico kantiano, reenunciado por Fichte na terceira preleção.

PRIMEIRA PRELEÇÃO

sigo mesma — desta só se trata na doutrina dos costumes —, e sim todas as forças do homem, que em si são apenas uma única força e são distinguidas apenas em sua aplicação a diferentes objetos — todas elas devem concordar em perfeita identidade e estar em consonância entre si.

Ora, mas as determinações empíricas do nosso Eu, ao menos em sua maior parte, não dependem de nós mesmos, e sim de algo exterior a nós. Na verdade, a vontade é absolutamente livre no seu círculo, isto é, no âmbito dos objetos aos quais ela pode se referir, na medida em que tornaram-se conhecidos pelo homem, como a seu tempo será rigorosamente demonstrado. Mas o sentimento e a representação que o pressupõe não são livres, e sim dependem das coisas externas ao Eu, cujo caráter não é de modo algum a identidade, e sim a multiplicidade. Ora, mas se o Eu deve estar sempre de acordo consigo mesmo também a esse respeito, deve então se esforçar por agir imediatamente sobre as próprias coisas, das quais dependem o sentimento e a representação do homem; o homem tem de [31] buscar modificá-las e colocá-las em concordância com a forma pura do seu Eu, para que também a representação delas, na medida em que depende da constituição (*Beschaffenheit*) das mesmas, concorde com aquela forma. Ora, esta modificação das coisas, tal como devem ser segundo os nossos conceitos necessários delas, não é possível pela simples vontade, carecendo também de uma certa habilidade, que é adquirida e aumentada pelo exercício.

Além disso, o que é ainda mais importante, nosso mesmo Eu empiricamente determinável, ao receber a influência desimpedida das coisas, à qual nos abandonamos despreocupadamente enquanto nossa razão ainda não está desperta, admite certas inflexões impossíveis de

O DESTINO DO ERUDITO

entrar em acordo com a forma do nosso Eu puro, pois elas provém das coisas fora de nós. Para extirpá-las e nos restituir a configuração pura e originária do nosso Eu não basta igualmente a mera vontade, e sim precisamos também daquela habilidade que é adquirida e aumentada pelo exercício.

A aquisição dessa habilidade de em parte reprimir e extirpar as nossas próprias inclinações defeituosas, surgidas antes do despertar da nossa razão e do sentimento da nossa auto-atividade, e em parte modificar as coisas fora de nós e alterá-las segundo os nossos conceitos — a aquisição dessa habilidade, digo, chama-se *cultura* (*Cultur*); e o determinado grau adquirido dessa habilidade é igualmente assim chamado. A cultura é diversa apenas segundo graus; mas ela é infinitamente capaz de muitos graus. Ela é o último e supremo meio para o fim último do homem, a plena concordância consigo mesmo, se o homem é considerado como um ser sensível racional; — ela mesma é o fim derradeiro, se ele é considerado como um mero ser sensível. A sensibilidade deve ser cultivada: este é o propósito supremo e último que se pode visar com ela.

O resultado final de tudo o que foi dito é o seguinte: a perfeita concordância do homem consigo mesmo e — para que ele possa concordar consigo mesmo — a concordância de todas as coisas fora dele com os seus conceitos práticos necessários delas — os conceitos que determinam como elas *devem* ser — é a meta suprema e última do homem. Esta concordância em geral, para que eu lance mão da terminologia da filosofia crítica, é o que

PRIMEIRA PRELEÇÃO

Kant chama *o sumo bem*;[8] [32] sumo bem que em si, como decorre do que foi dito acima, não possui de modo algum duas partes, e sim é inteiramente simples: ele é *a perfeita concordância de um ser racional consigo mesmo*. Em relação a um ser racional que é dependente das coisas fora dele, o sumo bem se deixa considerar como duplo: como a concordância *da vontade* com a ideia de uma vontade eternamente válida, ou seja, como *bondade ética* (*sittliche Güte*) — e como a concordância *das coisas fora de nós* com a nossa vontade (evidentemente, com a nossa vontade racional), ou seja, como *felicidade*. Portanto — e que isso seja lembrado de passagem —, não é verdade que o homem seja determinado à bondade ética pelo desejo de felicidade, e sim que, antes, o conceito mesmo de felicidade e o desejo dela procedem originalmente da natureza ética do homem. Não: — *é bom o que torna feliz*, e sim: —

---

8. Kant escreve: "Que a *virtude* (como o merecimento de ser feliz) seja a *condição suprema* de tudo o que possa parecer-nos sequer desejável, por conseguinte também de todo o nosso concurso à felicidade, porquanto seja o bem *supremo*, foi provado na Analítica. Mas nem por isso ela é ainda o bem completo e consumado, enquanto objeto da faculdade de apetição de entes finitos racionais; pois para sê-lo requer-se também a *felicidade* [...]. Ora, na medida em que virtude e felicidade constituem em conjunto a posse do sumo bem em uma pessoa, mas que com isso também a felicidade, distribuída bem exatamente em proporção à moralidade (enquanto valor da pessoa e de seu merecimento de ser feliz), constitui o *sumo bem* de um mundo possível, assim este significa o todo, o bem consumado, no qual, contudo, a virtude é sempre como condição o bem supremo, porque ele não tem ulteriormente nenhuma condição acima de si, enquanto a felicidade, sem dúvida, é sempre algo aprazível ao que a possui mas não algo que é por si só, absolutamente e sob todos os aspectos, bom, porém pressupõe sempre como condição a conduta legal moral." I Kant, *Crítica da razão prática*. Trad. Valério Rohden. São Paulo: Martins Fontes, 2008, A 198–9, Ak V, 110–1.

O DESTINO DO ERUDITO

só torna feliz o que é bom.[9] Sem eticidade nenhuma felicidade é possível. Sentimentos *agradáveis* são em verdade

---

9. "Para ser mais claro: que algo seja um bem para nós não resulta de que nos torne felizes, e sim, ao contrário, nos torna felizes porque era um bem anteriormente a nós, ao sentimento, à felicidade. O principal erro do sistema eudemonista, e a razão mais importante pela qual não se pode tornar a opinião contrária aceitável para os seus defensores, está em que estes confundem diretamente a relação entre a faculdade de desejar e a faculdade de conhecer. Como em geral são dogmáticos transcendentes, para os quais tudo que acontece no Eu é determinado por coisas fora dele, toda a eficácia do ser racional tem de começar, para eles, pela impressão de uma coisa sobre nós, e por isso conhecemos. Segundo a opinião deles — quer o digam claramente, quer permaneça obscuro à base do seu raciocínio — a faculdade de conhecer fornece antes de tudo um objeto em cujo conceito também se encontra, entre outras coisas, que ele produzirá um certo gozo. (Caso quisessem apenas perguntar a si mesmos como um tal conhecimento seria possível, sairiam rapidamente do seu erro.) Em consequência somente desta intelecção teórica surge, como eles querem, um impulso para o objeto. Em tal conclusão, algo era um bem pela convicção de que nos tornaria felizes. Ora, isto não é assim, mas justamente o contrário. O impulso é o que há de primeiro e supremo no homem. Ele exige o seu objeto antes de qualquer conhecimento e antes de sua existência. Ele pura e simplesmente exige algo, mesmo se isto em geral não existe de modo algum. Nele está previamente determinado o que nos pode tornar e nos tornará felizes; e um dom nos torna felizes porque era um bem para nós antes de ter sido dado. Assim procedem todos os impulsos do homem, os físicos como os morais. Não tenho prazer em comer e beber porque algumas vezes tive gosto nisto — como se explica que tive gosto nisto? — e sim tenho prazer em me alimentar de um determinado modo, a despeito da comida e da bebida, e somente por isso tenho gosto nisto; do mesmo modo, se disse a verdade, posso estar satisfeito comigo mesmo, mas não direi a verdade porque ela me proporciona esta satisfação, e sim, ao contrário, a verdade e ela apenas produz esta satisfação; pois o impulso moral a exige antes de toda experiência." Nota de Fichte à edição dinamarquesa (1796), in H Schulz, "Zusätze Fichtes zu seinen Vorlesungen über die Bestimmung des Gelehrten",

PRIMEIRA PRELEÇÃO

possíveis sem ela e mesmo em confronto com ela, e em seu lugar veremos por quê, mas estes não são a felicidade e frequentemente até a contradizem.

Submeter a si tudo o que é desprovido de razão, dominá-lo livremente e segundo a sua própria lei: este é o derradeiro fim último do homem, o qual é inteiramente inalcançável e tem de permanecer eternamente inalcançável, se o homem não deve deixar de ser homem, e se não deve tornar-se Deus. Encontra-se no conceito de homem que sua meta última é inalcançável, que o seu caminho para ela tem de ser infinito. Portanto, a destinação do homem não é alcançar essa meta. Mas ele pode e deve aproximar-se cada vez mais dessa meta; e, por isso, *a aproximação ao infinito dessa meta* é a sua verdadeira destinação como *homem*, isto é, como ser racional, mas finito, como ser sensível, mas livre. Pois bem, se àquela plena concordância consigo mesmo chamarmos de perfeição, no sentido mais elevado da palavra, como certamente podemos chamá-la, então a *perfeição* é a meta suprema e inalcançável do homem; mas o *aperfeiçoamento ao infinito* é a sua destinação. Ele existe para tornar a si mesmo sempre eticamente melhor e para tornar tudo ao seu redor *sensivelmente* melhor, e se é considerado em sociedade, também *eticamente* melhor, e assim tornar a si mesmo cada vez mais feliz.

Isto é a destinação do homem, na medida em que ele é considerado isoladamente, ou seja, fora de toda relação com seres racionais iguais a ele. Não somos isolados, e embora hoje não possa orientar minhas considerações para o vínculo universal dos seres racionais uns com os

---

p 206–7 e "Zusätze in der dänischen Ausgabe von 1796", in J G Fichte, *Von den Pflichten der Gehlerten. Jenaer Vorlesungen 1795/95*, p 119–21.

O DESTINO DO ERUDITO

outros, tenho, porém, de lançar um olhar para [33] aquele vínculo que hoje, meus senhores, estabeleço entre nós. Aquela sublime destinação que hoje indiquei brevemente aos senhores, desejando que façam dela o fim mais refletido e o constante fio condutor de todo o seu viver, é o que devo elevar a um claro discernimento em muitos jovens plenos de esperança — em jovens que, por sua vez, estão destinados a agir da maneira mais enérgica sobre a humanidade, a um dia continuar a difundir em círculos mais restritos ou mais amplos, pelo ensino ou pela ação, ou por ambos, a formação que eles mesmos receberam e, enfim, a elevar beneficamente, seja por onde forem, nossa comum fraternidade humana (*unser gemeinsames Brüdergeschlecht*) a um nível superior da cultura — em jovens por cuja formação eu formo muito provavelmente milhões de homens ainda não nascidos. Se alguns entre os senhores acaso têm quanto a mim o benévolo preconceito de que sinto a dignidade desta minha destinação particular, de que pela minha reflexão e o meu ensino tornarei numa meta suprema contribuir para o fomento da cultura e a elevação da humanidade nos senhores e em todos com os quais um dia terão um ponto de contato em comum, e de que tenho por nula toda filosofia e toda ciência que não visam a essa meta — se os senhores assim me julgam, então — posso talvez dizer isso — os senhores julgam de modo totalmente correto minha vontade. Até que ponto minhas forças devem corresponder a este desejo não depende totalmente de mim mesmo; depende em parte de circunstâncias que não estão em nosso poder. Depende em parte também dos senhores, da atenção dos senhores, que rogo para mim, da aplicação pessoal dos senhores, com que conto com alegre e plena certeza, da

PRIMEIRA PRELEÇÃO

confiança dos senhores, à qual apresento meus respeitos e que procurarei respeitar pela ação.

Segunda preleção: Sobre a destinação do homem na sociedade

Há uma série de questões que a filosofia tem a responder antes que possa tornar-se ciência e doutrina da ciência: questões que os dogmáticos, que decidem tudo, esqueceram e que apenas o cético ousa apontar com o risco de ser acusado de irracionalidade ou de maldade ou de ambas ao mesmo tempo.

[34] É o meu destino, a menos que eu queria ser superficial e tratar futilmente aquilo sobre o que creio saber algo mais fundamental — a menos que queira ocultar e passar em silêncio dificuldades que vejo muito bem — é o meu destino, digo eu, nessas preleções públicas, ter de tocar em várias dessas questões quase ainda totalmente intocadas sem, no entanto, poder esgotá-las inteiramente — de, com o risco de ser mal entendido e mal interpretado, poder oferecer apenas *indicações* para uma reflexão posterior, apenas *instruções* para um ensino posterior, quando antes preferiria esgotar a matéria a partir do seu fundamento. Se presumisse haver entre vós, meus senhores, muitos filósofos populares que, sem nenhum esforço e nenhuma reflexão, resolvem facilmente todas as dificuldades apenas com o auxílio do seu entendimento humano, que eles chamam de sadio, então raramente subiria a esta cátedra sem hesitação.

Entre estas questões encontram-se particularmente

O DESTINO DO ERUDITO

duas, antes de cuja resposta não seria lícito admitir como possível, entre outras coisas, também um direito natural bem fundado. Antes de tudo, com que autoridade (*Befugniss*) o homem chama uma determinada parte do mundo corpóreo o *seu* corpo? Como chega a considerar este seu corpo como pertencente ao seu Eu, quando, porém, ele é justamente oposto ao mesmo? E a segunda questão: como o homem chega a admitir e a reconhecer fora de si seres racionais iguais a ele, quando, porém, tais seres de modo algum estão imediatamente dados na sua autoconsciência pura?[1]

---

1. "O autor respondeu a ambas as questões em seu livro anteriormente mencionado sobre o direito natural." Nota de Fichte à edição dinamarquesa (1796), in H Schulz, "Zusätze Fichtes zu seinen Vorlesungen über die Bestimmung des Gelehrten", p 207 e "Zusätze in der dänischen Ausgabe von 1796", in J G Fichte, *Von den Pflichten der Gehlerten. Jenaer Vorlesungen 1795/95*, p 121. Na *Fundação do direito natural* Fichte trata inicialmente da segunda questão, cuja resposta consiste na primeira parte desta obra, "Dedução do conceito do direito", §§ 1–4. A estes quatro parágrafos correspondem quatro teses, em geral formuladas como teoremas (*Lehrsätze*) e fundamentadas *more geometrico* por demonstrações (*Beweise*) seguidas de corolários (*Corollaria*). As teses centrais são as seguintes: § 1. Primeiro teorema: "Um ser racional finito não pode pôr a si mesmo sem se atribuir uma causalidade livre." § 2. Consequência: "Pelo ato de pôr sua faculdade de causalidade livre, o ser racional põe e determina um mundo sensível fora dele." § 3. Segundo teorema: "O ser racional finito não pode se atribuir uma causalidade livre no mundo sensível sem atribuí-la também a outros, portanto, sem admitir também outros seres racionais e finitos fora dele." § 4. Terceiro teorema: "O ser racional finito não pode ainda admitir outros seres racionais finitos fora dele sem se pôr como estando com eles numa relação determinada, que se chama relação jurídica." (*GA* I/3, 339, 335, 340, 349). O problema do corpo é tratado em seguida, na segunda parte, "Dedução da aplicabilidade do conceito de direito", §§ 5–6, cujas teses são as seguintes: § 5. Quarto teorema: "O ser racional não pode se pôr como indivíduo que age

SEGUNDA PRELEÇÃO

O que hoje tenho a estabelecer é a destinação do homem na sociedade, e a solução deste problema (*Aufgabe*) pressupõe a resposta à última questão. Chamo sociedade à relação dos seres racionais uns com os outros. O conceito da sociedade não é possível sem o pressuposto de que há efetivamente seres racionais fora de nós e sem as notas características pelas quais podemos distingui--los de todos os outros seres que não são racionais e que, portanto, não pertencem à sociedade. Como chegamos àquele pressuposto e quais são essas notas? Esta é a questão que tenho a responder antes de tudo.[2]

"Tiramos ambas as coisas da experiência, tanto que

---

causalmente sem se atribuir um corpo material e por isso determiná--lo." § 6. Quinto teorema: "A pessoa não pode se atribuir um corpo sem pô-lo como estando sob a influência de uma pessoa fora dela e sem continuar a determiná-lo por isso." (*GA* I/3, 361, 365).

2. Fichte volta ao problema no primeiro corolário do § 5 da *Fundação do direito natural*: "I) Há uma grave questão posta à filosofia e que ela, ao que eu saiba, ainda não resolveu em parte alguma: como chegamos a transferir o conceito de racionalidade a alguns objetos do mundo sensível e não a outros? Qual é a diferença característica de ambas as classes? Kant diz: 'aja de tal modo que a máxima da tua vontade possa ser princípio de uma legislação universal'. Mas quem deve pertencer ao reino que é regido por esta legislação e participar da proteção que ela assegura? Devo tratar certos seres de tal modo que possa querer reciprocamente que eles me tratem segundo a mesma máxima. Mas ajo todos os dias sobre animais e objetos inanimados sem sequer levantar a sério a questão posta. Dizem-me então: compreende-se que se trata apenas de seres que são capazes da representação de leis, portanto de seres racionais; e assim, em verdade, ao invés de um conceito indeterminado, tenho um outro, mas de modo algum uma resposta à minha pergunta. Pois como sei então qual objeto determinado é um ser racional, se acaso a proteção daquela legislação se estende apenas ao europeu branco ou também ao negro, se apenas ao homem adulto ou também à criança, e se ela não poderia ser estendida até mesmo ao fiel animal doméstico?

O DESTINO DO ERUDITO

existem seres racionais iguais a nós fora de nós como também os signos que os distinguem dos seres desprovidos de razão". Assim poderiam responder aqueles que ainda não se habituaram à investigação filosófica rigorosa; mas uma tal resposta seria fútil e insatisfatória, não seria de modo algum uma resposta à *nossa* questão, e sim pertenceria a uma totalmente diversa. As experiências [35] a que eles apelariam já foram feitas também pelos egoístas que, por isso, ainda continuam sem ter sido fundamentalmente refutados. A experiência ensina apenas que a *representação* de seres racionais fora de nós está contida em nossa consciência empírica; e sobre isso não há disputa e nenhum egoísta ainda o contestou. A questão é: se corresponde a esta representação algo *fora dela mesma*; se, independentemente da nossa representação e mesmo se não os representamos, há seres racionais fora de nós; e sobre isso a experiência nada pode ensinar, tão

---

Enquanto esta pergunta não for respondida, aquele princípio, apesar de toda a sua excelência, não tem aplicabilidade nem realidade. A natureza decidiu esta questão há muito tempo. Certamente não é um homem aquele que, na primeira visão de um homem, entra em fuga, sem mais, como diante de um animal feroz, ou se prepara para matá-lo e comê-lo, como um selvagem; portanto, aquele que antes não contasse logo em seguida com a comunicação recíproca. Isto é assim, não pelo hábito ou pelo ensino, e sim pela natureza e a razão, e acabamos de deduzir a lei segundo a qual isto é assim. Apenas não se queira crer — o que é lembrado aqui apenas para alguns — que o homem primeiro tenha de fazer aquele longo e penoso raciocínio que conduzimos para tornar compreensível para ele mesmo que um certo corpo fora dele pertence a um ser que é seu semelhante. Aquele reconhecimento ou bem não ocorre de modo algum, ou bem é realizado num instante sem que se tome consciência de seus fundamentos. Cabe apenas ao filósofo prestar contas sobre ele." J G Fichte, *GA* I/3, 379–80. Cf. tb. cartas de Fichte a Reinhold (29 de agosto de 1795, *GA* III/2, 385–6) e a Jacobi (30 de agosto de 1795, *GA* III/2, 391–2).

SEGUNDA PRELEÇÃO

certamente quanto é experiência, ou seja, o sistema das nossas representações.

A experiência pode quando muito ensinar que estão dados efeitos que são semelhantes aos efeitos de causas racionais; mas ela jamais pode ensinar que as causas dos mesmos existem efetivamente como seres racionais em si; pois um ser em si mesmo não é um objeto da experiência.

Nós mesmos primeiramente introduzimos tais seres na experiência; somos nós que explicamos certas experiências a partir da existência de seres racionais fora de nós. Mas — *com que autoridade* as explicamos assim? Essa *autoridade* tem de ser demonstrada mais de perto antes que seja usada, pois sua validade se funda nisso e não pode ser fundada meramente no uso efetivo, já que assim não teríamos dado um passo adiante e estaríamos de novo parados de pé diante da questão que levantamos acima: como chegamos a admitir e a reconhecer seres racionais fora de nós?

O âmbito teórico da filosofia está indiscutivelmente esgotado pelas investigações fundamentais dos críticos; todas as questões até agora ainda não respondidas têm de ser respondidas a partir de princípios práticos, o que, no entanto, menciono aqui apenas historicamente. Temos de examinar se podemos efetivamente responder a questão levantada a partir de tais princípios.

O impulso supremo no homem é, segundo a nossa última preleção, o impulso para a identidade, para a perfeita concordância consigo mesmo, e, afim de que possa concordar continuamente consigo mesmo, para a concordância de tudo o que lhe é exterior com os seus conceitos necessários disto. Seus conceitos não só *não* devem ser

O DESTINO DO ERUDITO

contraditos, de modo que a existência ou a não existência de um objeto *correspondente* aos mesmos lhe fosse de resto indiferente, como também deve ser dado efetivamente algo correspondente aos mesmos. A todos os conceitos que se encontram no seu Eu deve ser dada uma expressão, uma contraimagem (*Gegenbild*) no Não-eu. Assim seu impulso está determinado.

O conceito de razão e o do agir e pensar conforme a razão também estão dados no homem, e ele quer necessariamente realizar esses conceitos não apenas em si [36] mesmo, e sim também vê-los realizado fora de si. Entre os seus carecimentos encontra-se o de que estejam dados fora dele seres racionais iguais a ele.

Ele não pode produzir tais seres, mas põe o conceito dos mesmos na base da sua observação do Não-eu e espera encontrar algo correspondente a ele. O primeiro caráter da racionalidade, aquele que se oferece mais de perto, embora seja meramente negativo, é a eficácia (*Wirksamkeit*) segundo conceitos, a atividade segundo fins. O que apresenta o caráter da conformidade a fins (*Zweckmässigkeit*) pode ter um autor racional; aquilo a que o conceito da conformidade a fins não se deixa aplicar de modo algum certamente não tem um autor racional. No entanto, esta nota característica é ambígua. A concordância do múltiplo na unidade é o caráter da conformidade a fins, mas há várias espécies dessa concordância que se deixam explicar por meras leis da natureza — e precisamente não por leis *mecânicas*, mas sim *orgânicas*; portanto, ainda precisamos de uma nota característica para, a partir de uma certa experiência, podermos concluir com convicção sobre uma causa racional das mesmas. Mesmo onde opera (*wirkt*) conforme fins, a natureza opera segundo *leis necessárias*; a razão opera

SEGUNDA PRELEÇÃO

sempre com *liberdade*. Portanto, a concordância do múltiplo na unidade, que seria operada pela liberdade, seria o caráter seguro e infalível da racionalidade no fenômeno. Pergunta-se apenas: como se deve distinguir um efeito dado por necessidade na experiência de um outro dado por liberdade igualmente na experiência?

Não posso de modo algum ser imediatamente consciente de uma liberdade fora de mim; não posso sequer tornar-me consciente de uma liberdade em mim ou de minha própria liberdade, pois a liberdade em si é o último fundamento de explicação de toda consciência e, por isso, não pode pertencer ao âmbito da consciência. No entanto, posso tornar-me consciente de que, numa certa determinação do meu Eu empírico pela minha vontade, não sou consciente de uma outra causa senão dessa vontade mesma; e essa não consciência da causa poderia muito bem ser também chamada uma consciência da liberdade, caso ela tenha sido devidamente explicada antes; e assim queremos chamá-la aqui. *Nesse sentido*, podemos nos tornar conscientes de nossa própria ação através da liberdade.

Ora, se pela *nossa* ação livre, de que somos conscientes no sentido apontado, o modo de operar (*Wirkungsart*) da substância que nos está dada no fenômeno é alterado de maneira que esse modo de operar não é mais explicável em absoluto a partir *da* lei segundo a qual ele se regulava antes, e sim apenas a partir daquela que colocamos como fundamento da *nossa* ação livre e que [37] é oposta à anterior, então não podemos explicar uma tal determinação alterada a não ser pelo pressuposto de que a causa daquele efeito é igualmente racional e livre. Surge daqui, para que lance mão da terminologia kantiana, uma *ação recíproca segundo conceitos*; uma comunidade conforme

O DESTINO DO ERUDITO

a fins; e isso é o que chamo sociedade. O conceito de sociedade está agora inteiramente determinado.

Entre os impulsos fundamentais do homem está o que lhe autoriza a admitir fora de si seres racionais iguais a ele. Ele só pode admiti-los sob a condição de que entre com eles em sociedade, segundo o significado da palavra acima determinado. O impulso social pertence, pois, aos impulsos fundamentais do homem. O homem *está destinado* a viver na sociedade; ele *deve* viver na sociedade; e se vive isolado, não é um homem inteiro, completo, e contradiz-se a si mesmo.

Vejam, meus senhores, como é importante não confundir *a* sociedade em geral com o tipo particular, empiricamente condicionado, de sociedade, que se chama Estado. A vida no Estado não pertence aos fins absolutos do homem, apesar do que um grande homem[3] diga sobre isso, e sim é um *meio para a fundação de uma sociedade perfeita*, um meio que tem lugar apenas sob certas condições. O Estado, bem como todos os institutos humanos que são simples meios, visa a sua própria aniquilação: *o fim de todo governo é tornar supérfluo o governo.*[4] Agora certamente ainda não é o momento — e não sei quantas miríades de anos ou miríades de miríades de anos podem se passar até então — e não se trata aqui de modo algum de uma aplicação disto à vida, e sim da retificação de uma proposição especulativa — agora não é o momento, mas é certo que no decurso do gênero humano traçado *a priori*

---

3. Alusão a Kant.

4. Foram declarações como esta que suscitaram a primeira campanha contra Fichte em Jena, razão pela qual publicou, em sua defesa, estas preleções e acrescentou, logo a seguir, uma nota explicativa à edição dinamarquesa.

SEGUNDA PRELEÇÃO

se encontra um tal ponto em que todos os vínculos estatais serão supérfluos. É aquele ponto em que, ao invés da força ou da astúcia, a simples razão será reconhecida universalmente como o juiz supremo. *Ser reconhecida*, digo eu, pois mesmo então os homens ainda podem errar e, pelo erro, ferir os seus próximos; mas todos eles apenas têm de ter a boa vontade de se deixar convencer do seu erro,[5] e assim, como estão convencidos dele, revogá-lo e reparar o dano. — Antes que chegue este momento, ainda não seremos sequer, em geral, verdadeiros homens.

---

5. "Mas se para uma como para a outra parte é impossível convencer-se — o que pode ser facilmente o caso, a despeito dos mais honestos propósitos de ambas — o direito permanece polêmico e uma delas sofre injustiça. Mas, em contrapartida, o direito jamais deve permanecer polêmico, pois nenhuma injustiça deve acontecer. Além disto, deveria haver um juiz supremo e infalível, ao qual seria um dever estar submetido. Assim, teria de haver leis positivas, pois as sentenças só podem ser pronunciadas de acordo com estas. E como aquele juiz não poderia ser nomeado a não ser segundo uma regra, teria de haver uma constituição. Na medida em que o Estado está relacionado com a falibilidade dos homens e decide em última instância seus conflitos jurídicos, ele é absolutamente necessário e não pode em tempo algum deixar de existir. Mas na medida em que está relacionado com a má vontade e é um poder coercitivo, seu fim último é indubitavelmente tornar a si mesmo supérfluo, quer dizer, tornar dispensável toda coação; e ele pode atingir este fim mesmo sem que a boa vontade e a confiança nela não se tornem universais. Pois se todos sabem, a partir de uma longa experiência, que toda injustiça seguramente fracassa e todo crime é seguramente descoberto e punido, pode-se esperar que eles, os homens, por mera prudência, não se esforçarão em vão, não causarão danos a si mesmos voluntária e conscientemente." Nota de Fichte à edição dinamarquesa (1796), in H Schulz, "Zusätze Fichtes zu seinen Vorlesungen über die Bestimmung des Gelehrten", p 208–9 e "Zusätze in der dänischen Ausgabe von 1796", in J G Fichte, *Von den Pflichten der Gehlerten. Jenaer Vorlesungen 1795/95*, p 123.

O DESTINO DO ERUDITO

De acordo com o que foi dito, a *ação recíproca pela liberdade* é o caráter positivo [38] da sociedade. Esta é o próprio fim; e, portanto, age-se *por* agir, *pura e simplesmente.* Mas mediante a afirmação de que a sociedade é o seu próprio fim não é negado em absoluto que o modo de agir (*Einwirkens*) ainda possa ter uma lei particular que estabelece à ação (*Einwirkung*) uma meta ainda mais determinada.

O impulso fundamental era o de encontrar seres racionais iguais a nós, ou *homens.* O conceito de homem é um conceito ideal, pois o fim do homem, na medida em que ele é isso mesmo, é inalcançável. Cada indivíduo tem o seu ideal particular do homem em geral,[6] ideais que, em verdade, não são diversos na matéria, mas nos graus; cada um examina, segundo o seu próprio ideal, aqueles a quem reconhece como um homem. Cada um deseja, em virtude daquele impulso fundamental, achar cada outro semelhante a este ideal; ele o examina, o observa de todas as maneiras, e se o encontra *abaixo* do mesmo, procura elevá-lo até ele. Nessa luta dos espíritos com os espíritos, vence sempre aquele que é o homem superior e melhor; assim, surge através da sociedade o *aperfeiçoamento da espécie*, e com isso também descobrimos,

---

6. "Todo homem individual, pode-se dizer, traz em si, quanto à disposição e destinação, um homem ideal e puro, e a grande tarefa de sua existência é concordar, em todas as suas modificações, com sua unidade inalterável", escreveu Schiller, observando em seguida, numa nota ao pé da página: "Remeto aqui a uma publicação recente: *Preleções sobre a destinação do erudito*, de meu amigo Fichte, onde se encontra uma dedução bastante clara e por uma via jamais tentada dessa proposição." F Schiller, *A educação estética do homem. Numa série de cartas.* Trad. Roberto Schwarz e Márcio Suzuki. São Paulo: Iluminuras, 1990, p 32.

SEGUNDA PRELEÇÃO

ao mesmo tempo, a destinação de toda a sociedade enquanto tal. Se tudo se afigura como se o homem superior e melhor não tivesse nenhuma influência sobre o inferior e inculto, então nosso juízo em parte nos engana aqui, pois frequentemente esperamos pelo fruto antes que a semente possa germinar e desenvolver-se. Isto acontece em parte porque o melhor se encontra talvez a tantos níveis acima do inculto que ambos têm muitos poucos pontos de contato entre si e podem agir muito pouco um sobre o outro — uma circunstância que retarda a cultura de um modo inacreditável, e cujo antídoto mostraremos a seu tempo. Mas, em geral, vence certamente o melhor; um consolo tranquilizador para o amigo dos homens e da verdade, quando assiste à guerra aberta da luz com as trevas. A luz certamente vence ao final — é verdade que não se pode determinar em quanto tempo, mas é já um penhor da vitória, e da vitória próxima, se as trevas são obrigadas a travar uma luta pública. Elas amam a obscuridade; e quando forçadas a vir à luz, já perderam.

Portanto — e este é o resultado de toda a nossa consideração até agora —, o homem está destinado à sociedade; entre aquelas habilidades que ele deve aperfeiçoar em si conforme a sua destinação, tal como foi desenvolvido na preleção anterior, encontra-se também a *sociabilidade*.

Essa destinação para a sociedade em geral, por mais que tenha surgido do mais íntimo, do mais puro do ser humano, está, no entanto, como mero impulso, subordinada à lei suprema da constante concordância conosco mesmos, ou à lei moral (*Sittengesetzt*), e tem a seguir de ser determinada pela mesma e [39] colocada sob uma regra sólida. Assim que descobrirmos essa regra, encontraremos a destinação *do homem na sociedade*, que é o fim da

O DESTINO DO ERUDITO

nossa presente investigação e de todas as considerações feitas até agora.

Antes de tudo, o impulso social é *negativamente* determinado por aquela lei da concordância absoluta; não lhe é permitido contradizer-se a si mesmo. O impulso leva à *ação recíproca*, à influência *mútua*, ao *mútuo* dar e receber, ao *mútuo* agir e padecer: não à mera causalidade, não à mera atividade face à qual o outro teria um comportamento apenas passivo. O impulso nos leva a encontrar seres *racionais livres* fora de nós e a entrar em comunidade com eles; ele não nos leva à *subordinação*, como no mundo dos corpos, e sim à *coordenação*. Se não queremos deixar que os seres racionais que procuramos fora de nós sejam livres, então contamos apenas com a sua *habilidade teórica*, e não com a sua livre racionalidade prática: não queremos entrar em sociedade com eles, e sim *dominá--los* como animais mais hábeis, e assim o nosso impulso social é colocado em contradição consigo mesmo. Mas o que digo? O impulso social é colocado em contradição consigo mesmo? Nós antes ainda sequer o possuímos — aquele impulso superior: a humanidade ainda não se formou tão amplamente em nós; encontramo-nos ainda no nível inferior da semi-humanidade, ou da escravidão. Ainda não amadurecemos para o sentimento da nossa liberdade e auto-atividade; pois senão teríamos necessariamente de querer ver à nossa volta seres semelhantes a nós, isto é, livres. Somos escravos e queremos ter escravos. Rousseau disse: muitos se consideram senhores de outros, mas são mais escravos do que eles.[7] Ele teria podido dizer ainda mais corretamente: todo aquele que se

---

7. "O homem nasceu livre, e em toda parte se encontra sob ferros. De tal modo acredita-se o senhor dos outros, que não deixa de

SEGUNDA PRELEÇÃO

considera um senhor de outros é ele mesmo um escravo. Se efetivamente não o é sempre, com certeza possui, no entanto, uma alma de escravo, e rastejará abjetamente diante do primeiro mais forte que o subjugue. Livre é somente aquele que quer tornar livre tudo à sua volta, e o torna efetivamente livre por uma certa influência cuja causa nem sempre se notou. Sob o seu olhar respiramos mais livremente; não nos sentimos pressionados, reprimidos e cerceados por nada; sentimos um prazer inabitual de ser e fazer tudo o que o respeito por nós mesmos não nos proíbe.

É permitido ao homem usar as coisas desprovidas de razão como meios para os seus fins, mas não [40] os seres racionais: não lhe é permitido sequer utilizá-los como meios para os próprios fins deles; não lhe é permitido agir sobre eles como sobre a matéria morta ou o animal, de modo que consiga através deles meramente o seu fim, sem levar em conta a liberdade deles. Não lhe é permitido tornar nenhum ser racional virtuoso, erudito ou feliz contra a sua vontade. Descontando-se que esse esforço seria em vão e que ninguém pode se tornar virtuoso, erudito ou feliz a não ser pelo seu próprio trabalho e empenho — descontando-se, pois, que o homem não pode fazer isto, ele sequer deve querê-lo — ainda que o pudesse ou acreditasse podê-lo —; pois isto é injusto e assim ele se coloca em contradição consigo mesmo.

Pela lei da plena concordância formal consigo mesmo, o impulso social é também *positivamente* determinado, e assim obtemos a destinação propriamente dita do homem na sociedade. Todos os indivíduos que pertencem

---

ser mais escravo que eles." J.-J Rousseau, *O contrato social e outros escritos*. Trad. Rolando Roque da Silva. São Paulo: Cultrix, 2007, p 21.

O DESTINO DO ERUDITO

ao gênero humano são diferentes entre si; há apenas uma coisa em que eles concordam plenamente, a sua meta última, a perfeição. A perfeição está determinada apenas de uma maneira: — ela é plenamente idêntica a si mesma; se todos os homens pudessem se tornar perfeitos, se pudessem alcançar sua meta suprema e última, então todos seriam plenamente iguais uns aos outros, seriam apenas um só, um único sujeito. Ora, na sociedade, porém, cada um se esforça para tornar os outros mais perfeitos, pelo menos segundo os seus conceitos, e para elevá-los ao seu ideal de homem assim feito. — Portanto, a meta última e suprema da sociedade é a unidade e unanimidade plenas de todos os seus membros possíveis. Mas como a consecução dessa meta pressupõe a consecução da destinação do homem em geral, que é a consecução da perfeição absoluta, então esta é tão inalcançável quanto aquela — é inalcançável enquanto o homem não deva deixar de ser homem e tornar-se Deus. Portanto, a plena unidade de todos os indivíduos é, em verdade, a *meta última*, mas não a *destinação* do homem na sociedade.

Mas aproximar-se e aproximar-se ao infinito desta meta — isso ele pode e deve. A esta aproximação à unidade e unanimidade plenas de todos os indivíduos podemos chamar unificação (*Vereinigung*). Assim, a unificação que se torne cada vez mais sólida em sua intimidade e mais ampla em sua extensão é a verdadeira destinação do homem na sociedade; mas como os homens estão de acordo e podem pôr-se de acordo apenas sobre sua destinação última, esta unificação é possível apenas pelo aperfeiçoamento. Por isso, podemos igualmente dizer: nossa destinação na sociedade é o aperfeiçoamento comum, o aperfeiçoamento de si mesmo pela influência livremente

SEGUNDA PRELEÇÃO

utilizada dos outros sobre nós e o aperfeiçoamento dos outros pela reação sobre eles enquanto seres livres.

[41] Para alcançar essa destinação, e alcançá-la cada vez mais, precisamos de uma habilidade que é obtida e aumentada somente pela cultura; uma habilidade, em verdade, de dupla espécie: uma habilidade *para dar*, ou para agir sobre os outros enquanto seres livres, e uma disposição (*Empfänglichkeit*) *para receber*, ou para tirar o melhor proveito das ações dos outros sobre nós. Falaremos particularmente de ambas no seu devido lugar. Temos de buscar conservar particularmente a última junto com um elevado grau da primeira, ou então estacamos e, assim, retrocedemos. Raramente alguém é tão perfeito que não deva poder ser formado por quase todos os outros pelo menos num aspecto qualquer, talvez aparentemente sem importância ou não notado.

Conheço poucas ideias mais sublimes, meus senhores, do que a ideia desta influência universal de todo o gênero humano sobre si mesmo, desta vida e deste esforço incessantes, desta disputa ardente para dar e receber o mais nobre que pode caber ao homem, desta engrenagem universal de inúmeras rodas, cuja mola comum é a liberdade, e da bela harmonia que surge daí. Quem quer que tu sejas, assim pode cada um dizer, somente por apresentares um semblante humano és um membro desta grande comunidade; por incontáveis que sejam os elos através dos quais a ação é propagada, também ajo sobre ti e tu também ages sobre mim; ninguém que traga no seu rosto apenas a marca da razão, por mais que rudemente expressa, existe em vão para mim. Mas eu não te conheço, nem tu me conheces: oh, tão seguramente temos o chamado em comum para sermos bons e nos tornarmos sempre melhores — tão seguramente — e que isso

O DESTINO DO ERUDITO

dure milhões e bilhões de anos — o que é o tempo? — tão seguramente chegará um dia em que te arrebatarei para o meu círculo de ação, em que também te beneficiarei e poderei receber benefícios de ti, em que também o teu coração estará ligado ao meu pelo mais belo vínculo do livre e mútuo dar e receber.[8]

---

8. O desfecho desta preleção é bastante semelhante ao que se lê ao final de "Sobre a dignidade do homem" (sw 1, 412–6), a preleção de despedida de Fichte em Zurique, em abril de 1794, cujo texto mandara imprimir como uma recordação para os seus ouvintes.

Terceira preleção: Sobre a diversidade das categorias na sociedade

A destinação do homem *em si*, bem como a destinação do homem *na sociedade* estão desenvolvidas. O erudito é um erudito apenas na medida em que é considerado na sociedade. Poderíamos, pois, passar agora à investigação: qual é, em particular, a destinação do erudito na sociedade? Mas o erudito não é meramente um membro da sociedade; ele é ao mesmo tempo um membro de uma categoria particular desta. Pelo menos, fala-se de uma categoria dos eruditos; se com ou sem direito, será mostrado a seu tempo.

Nossa investigação principal — sobre a destinação do erudito — pressupõe, portanto, além das duas já concluídas, ainda uma terceira, a investigação da importante questão: de onde provém em geral a diversidade das categorias entre os homens?, ou ainda, de onde surgiu a desigualdade entre os homens?

Mesmo sem a investigação passada, compreende-se já que a palavra: *categoria* não pode significar algo surgido ao acaso e sem a nossa intervenção, e sim algo estabelecido e disposto por livre escolha segundo um conceito de fim. A natureza pode responder pela desigualdade surgida do acaso e sem a nossa intervenção, a *desigualdade física*, mas a *desigualdade das categorias* parece ser uma desigualdade moral. Sobre esta surge, portanto, de modo

O DESTINO DO ERUDITO

inteiramente natural, a seguinte pergunta: com que direito existem diferentes categorias?[1]

Já se tentou muitas vezes responder esta pergunta. Partiu-se de princípios da experiência, enumerou-se rapsodicamente, tal como são colhidos, os vários fins que se deixam alcançar por uma tal diversidade — as várias vantagens que assim se deixam ganhar; mas assim foi antes respondida uma outra pergunta, e não a que foi proposta. A *vantagem* de uma certa organização (*Einrichtung*) para estes ou aqueles não prova a sua *legitimidade* (*Rechtmässigkeit*); e a questão proposta não foi de modo algum a questão histórica sobre qual fim se pode ter tido naquela organização, e sim a questão moral sobre se está permitido chegar-se a uma tal organização, seja qual for o seu fim. A questão teria de ser respondida a partir dos princípios da razão pura e, na verdade, da razão prática; e uma tal resposta, tanto quanto eu saiba, ainda não foi tentada. [43] Por isto, minha resposta tem de ser precedida por algumas proposições gerais da doutrina da ciência.

Todas as leis da razão estão fundadas na essência (*Wesen*) do nosso espírito; mas só através de uma experiência, à qual são aplicáveis, chegam à consciência empírica, e quanto mais frequente é o caso de sua aplicação, tanto mais intimamente elas se entrelaçam com esta consciência. Assim acontece com *todas* as leis da razão, particularmente com as leis da razão prática, que não visam a um mero *juízo*, como as leis teóricas, e sim a uma atividade fora de nós, e que se anunciam à consciência sob a forma (*Gestalt*) de *impulsos*. O fundamento de todos os

---

1. Fichte voltaria a esta questão no *Sistema da doutrina dos costumes segundo os princípios da doutrina da ciência* (1798). Cf. sw 4, 258–9.

TERCEIRA PRELEÇÃO

impulsos reside no nosso ser (*Wesen*); mas também como nada mais que um fundamento. Todo impulso tem de ser *despertado* pela experiência, se deve chegar à consciência; e deve ser *desenvolvido* por frequentes experiências da mesma espécie, se deve se transformar em *inclinação* — e a sua satisfação em *carecimento*. Mas a experiência não depende de nós mesmos; portanto, também não o despertar e o desenvolvimento dos nossos impulsos em geral.

O Não-eu independente, como fundamento da experiência, ou *a natureza,* é múltiplo. Nenhuma de suas partes é perfeitamente igual a outra — uma proposição que é também afirmada na filosofia kantiana e se deixa provar rigorosamente nela. Segue-se disto que a natureza também afete de maneiras muito diversas o espírito humano, e que em parte alguma desenvolva da mesma maneira as capacidades e disposições deste. Os *indivíduos* e o que se denomina a sua particular natureza individual empírica são determinados por este variado modo de ação da natureza; e podemos dizer a respeito disto: nenhum indivíduo é perfeitamente igual a outro sob o aspecto de suas capacidades despertadas e desenvolvidas. Surge daqui uma desigualdade física, para a qual não só contribuímos em nada, mas que também não pudemos suprimir através da nossa liberdade, pois antes de podermos resistir pela liberdade ao influxo da natureza sobre nós, temos de ter chegado à consciência e ao uso desta liberdade; mas não podemos chegar a isso de outro modo senão mediante aquele despertar e o desenvolvimento dos nossos impulsos, o que não depende de nós.

Mas a lei suprema da humanidade e de todos os seres racionais, a lei da plena concordância conosco mesmos, da absoluta identidade, na medida em que se torna positiva e material pela aplicação a uma natureza, exige que todas as disposições sejam desenvolvidas uniformemente no indivíduo, que todas as capacidades sejam cultivadas (*ausgebildet*) à máxima perfeição possível — uma exigência cujo [44] objeto a mera lei não pode realizar, pois o seu cumprimento, de acordo com o que acaba de ser dito, não depende da mera lei, nem da *nossa* vontade, decerto determinável por ela, e sim *da livre ação da natureza*.

Se referimos esta lei à sociedade e se pressupomos que existem vários seres racionais, então na exigência de que *em cada um* todas as suas disposições devem ser uniformemente cultivadas está contida, ao mesmo tempo, a de *que todos os diferentes seres racionais devem ser também uniformemente formados* (gebildet) *entre si*. — Se as disposições de todos são em si iguais, como o são, pois se fundam simplesmente na razão pura, devem ser cultivadas em todos de maneira igual, o que é o conteúdo daquela exigência. Portanto, o resultado de um igual cultivo (*Ausbildung*) de iguais disposições tem de ser em todas as partes igual a si mesmo; e aqui chegamos de novo, por um outro caminho, ao fim último de toda a sociedade, estabelecido na preleção anterior: *a plena igualdade de todos os seus membros*.

Como já foi mostrado por um outro caminho na preleção anterior, a mera lei não pode realizar o objeto desta exigência nem tampouco o da precedente, na qual a de agora se funda. Mas a liberdade da vontade *deve* e *pode* se esforçar por se aproximar cada vez mais daquele fim.

Aqui intervém a eficácia (*Wirksamkeit*) do impulso social, que visa o mesmo fim e se torna no meio para a exigida aproximação ao infinito. O impulso social, ou o impulso para se colocar em ação recíproca com seres racionais livres, enquanto tais, compreende em si os dois

TERCEIRA PRELEÇÃO

impulsos seguintes: o *impulso para a comunicação*, isto é, o impulso para cultivar (*ausbilden*) alguém sob aqueles aspectos em que *nós* somos particularmente cultivados, o impulso para tornar, tanto quanto possível, cada um dos outros igual a nós mesmos, ao que somos de melhor; e *o impulso para receber*, isto é, o impulso para se deixar cultivar pelo outro sob aqueles aspectos em que ele é particularmente cultivado e nós particularmente incultos (*ungebildet*). Assim, a falha produzida pela natureza é reparada pela razão e pela liberdade; a formação (*Ausbildung*) unilateral que a natureza deu ao indivíduo torna-se propriedade da espécie inteira; e a espécie inteira, em compensação, dá a sua ao indivíduo: ela lhe dá, pressupondo-se que todos os indivíduos possíveis existem sob condições naturais determinadas, toda a formação (*Bildung*) possível sob essas condições. A natureza formou (*bildet*) cada um apenas unilateralmente, [45] mas ainda assim formou em todos os pontos em que esteve em contacto com seres racionais. A razão une estes pontos, oferece à natureza um flanco firmemente condensado e extenso, e a força a cultivar (*ausbilden*) pelo menos a espécie em todas as suas disposições singulares, já que assim não quis formar (*bilden*) o indivíduo. A própria *razão*, através daqueles impulsos, cuidou da igual repartição da formação (*Bildung*) obtida entre os membros individuais da sociedade; e *ela* seguirá cuidando disso, pois o domínio da natureza não chega até aqui.

Ela cuidará para que cada indivíduo receba *mediatamente das mãos da sociedade* toda a formação (*Bildung*) integral que ele não pôde obter *imediatamente da natureza*. A sociedade acumulará as vantagens de todos os indivíduos como um bem comum para o livre uso de todos, e assim ela as multiplicará pelo número de indiví-

O DESTINO DO ERUDITO

duos; ela suportará, como uma carga em comum, as deficiências dos indivíduos e assim as reduzirá a uma soma infinitamente pequena. Ou, para que expresse isto numa outra fórmula, mais cômoda para a aplicação a vários objetos: o fim de toda a formação (*Bildung*) da habilidade é submeter a natureza, justamente como determinei esta expressão, à razão; é tornar a experiência, na medida em que ela não depende das leis da nossa faculdade de representação, concordante com os nossos conceitos práticos necessários acerca dela. Portanto, a razão encontra-se numa luta permanente com a natureza; e esta guerra nunca pode acabar, se não devemos nos tornar deuses. Mas a influência da natureza deve e pode tornar-se cada vez mais fraca, e a dominação da razão cada vez mais poderosa: a última deve obter sobre a primeira uma vitória após outra. Ora, um único indivíduo talvez possa combater vantajosamente a natureza nos seus pontos particulares de contacto, mas, em contrapartida, é talvez irresistivelmente dominado por ela em todos os outros. Agora a sociedade está unida e é como um só homem: o que o indivíduo não podia, todos o conseguirão pelas forças reunidas. Na verdade, cada um luta sozinho, mas o enfraquecimento da natureza pela luta em comum e a vitória, que cada um traz sozinho em sua esfera, revertem em proveito de todos. Surge assim, precisamente pela desigualdade física dos indivíduos, uma nova solidez para o vínculo que une a todos num só corpo: a urgência do carecimento e a urgência ainda muito mais doce de satisfazer os carecimentos os ligam uns aos outros de modo mais íntimo, e a natureza reforçou o poder da razão enquanto queria enfraquecê-lo.

[46] Até aqui, tudo segue o seu curso natural: temos *caráteres* altamente diferentes, diversos segundo a espé-

TERCEIRA PRELEÇÃO

cie e o grau de seu cultivo (*Ausbildung*); mas ainda não temos *categorias* diferentes, pois ainda não pudemos mostrar *nenhuma determinação particular* pela *liberdade*, nenhuma escolha voluntária de uma espécie particular de formação (*Bildung*). Disse: não pudemos ainda mostrar nenhuma determinação particular pela liberdade. Que não se entenda isto incorretamente e nem pela metade. O impulso social em geral refere-se sem dúvida à liberdade; ele apenas impele, mas não força. Podemos resistir a ele ou reprimi-lo. Podemos em geral nos apartar da sociedade por egoísmo misantrópico, nos recusar a receber algo dela para não termos de lhe dar nada; podemos, por animalidade grosseira, nos esquecer da liberdade da sociedade e considerá-la como algo submetido ao nosso mero arbítrio, pois não nos consideramos a nós mesmos de outro modo a não ser como submetidos ao arbítrio da natureza. — Mas não se trata disso aqui. Pressupondo-se que se obedeça apenas ao impulso social, então é necessário, sob a sua direção, comunicar o que se tem de bom àquele que dele carece — e receber o que nos falta daquele que o possui. Para isso não é preciso nenhuma determinação ou modificação particular do impulso social por um novo ato da liberdade. É o que tinha para dizer.

A diferença característica é esta: *sob as condições desenvolvidas até agora*, entrego-me, como indivíduo, à natureza para um desenvolvimento unilateral de alguma disposição particular em mim, *pois tenho de fazer isso*. Não tenho aqui nenhuma escolha, e sim sigo involuntariamente a direção da natureza. Tomo tudo o que ela me dá, mas não posso tomar o que ela não quer dar. Não negligencio nenhuma ocasião para me cultivar de um modo tão multilateral quanto puder; apenas não crio ocasião alguma, pois não sou capaz disto. *Se, pelo contrário, esco-*

O DESTINO DO ERUDITO

lho uma categoria — suposto que uma categoria deva ser algo escolhido pelo livre arbítrio, como certamente deve ser, segundo o uso linguístico — se escolho uma categoria, então, para poder escolher, sem dúvida tenho de ter me entregado *anteriormente* à natureza, pois diferentes impulsos já têm de estar despertos em mim e diferentes disposições elevadas em mim à consciência. Mas *na escolha mesma* decido não levar em consideração alguma certas ocasiões que a natureza gostaria porventura de me oferecer, para daqui em diante *aplicar exclusivamente* todas as minhas forças e todos os favores da natureza ao desenvolvimento de uma *única ou de várias aptidões determinadas*. Minha categoria é determinada pela aptidão particular [47] a cujo desenvolvimento me dedico por livre escolha.

Surge assim a questão: *devo* escolher uma categoria determinada ou, se não o *devo, é-me permitido* dedicar-me exclusivamente a uma categoria determinada, isto é, a uma formação (*Ausbildung*) unilateral? Se devo fazê-lo, se é um dever incondicionado escolher uma categoria determinada, então um impulso que vise à escolha de uma categoria tem de poder ser deduzido da suprema lei da razão, assim como pôde ser deduzido um impulso a propósito da sociedade em geral. Mas se a escolha de uma categoria determinada me é meramente permitida, então nenhum impulso como este poderá ser deduzido desta lei, mas apenas uma permissão. Para a determinação da vontade à escolha efetiva do que é simplesmente permitido pela lei é preciso poder apontar um dado empírico, pelo qual não é determinada uma lei, mas simplesmente uma regra da prudência (*Klugheit*). Resultará da investigação como isso acontece.

A lei diz: cultiva todas as tuas disposições integral e

TERCEIRA PRELEÇÃO

uniformemente, tanto quanto puderes; mas ela nada determina sobre se devo exercitá-las imediatamente na natureza ou mediatamente pela comunidade com os outros. Portanto, a escolha é, quanto a isto, deixada inteiramente à minha própria prudência. A lei diz: submete a natureza aos teus fins; mas não diz que se a encontro já suficientemente formada (*gebildet*) por outros para certos fins meus, devo, no entanto, seguir formando-a para todos os fins possíveis da humanidade. Portanto, a lei não proíbe escolher uma categoria particular — mas também não o ordena, justamente porque não o proíbe. Encontro-me no campo do livre arbítrio; é-me permitido escolher uma categoria. E para decidir, não se devo escolher esta ou aquela categoria particular — falaremos disso uma outra vez —, mas se em geral devo ou não escolher uma categoria, tenho de procurar fundamentos de determinação totalmente diversos daqueles imediatamente deduzidos desta lei.

Tal como as coisas estão atualmente, o homem nasce na sociedade. Ele não mais encontra a natureza rude, e sim já preparada de múltiplas maneiras para os seus fins possíveis. Ele encontra uma multidão de homens ocupados em diversos ramos em trabalhar a natureza, segundo todos os seus aspectos, para o uso de seres racionais. Ele encontra já feito muito do que, não fosse isso, ele mesmo teria tido de fazer. Ele poderia talvez ter uma existência muito agradável sem, em geral, voltar imediatamente as suas próprias forças para a natureza; ele poderia talvez conseguir uma certa perfeição meramente fruindo do que a sociedade já fez e particularmente do que ela fez para o seu próprio cultivo. Mas isso não lhe é permitido. Ele tem de ao menos tentar pagar a sua dívida à sociedade. Tem de ocupar o seu lugar [48] e ao menos se esforçar para,

O DESTINO DO ERUDITO

de algum modo, levar a um nível mais alto a perfeição da espécie que tanto fez por ele.

Para isso ele tem dois caminhos: ou se propõe a trabalhar a natureza segundo todos os seus aspectos; mas então teria de talvez aplicar toda a sua vida, e várias vidas, se várias tivesse, para adquirir apenas o conhecimento do que outros já realizaram antes dele e do que resta a fazer. E assim sua vida estaria perdida para o gênero humano, em verdade não por culpa de sua má vontade, mas de sua imprudência (*Unklugheit*). Ou então ele agarra alguma especialidade (*Fach*) particular, cujo pleno esgotamento preliminar se encontra porventura mais perto dele e para cujo trabalho já se encontrava anteriormente mais cultivado pela natureza e pela sociedade, dedicando-se exclusivamente a ela. Sua própria cultura (*Cultur*) para as demais disposições é deixada por ele à sociedade, a qual ele tem o propósito, a aspiração, a vontade de cultivar em sua especialidade escolhida. Assim ele escolheu uma categoria, e essa escolha é em si inteiramente legítima. Entretanto, este ato da liberdade, como todos os seus atos, está submetido à lei moral em geral, na medida em que ela é regulativa das nossas ações, ou ao imperativo categórico, que eu expresso assim: nunca estejas em contradição contigo mesmo a propósito de tuas determinações da vontade — uma lei que, expressa nesta fórmula, cada um pode cumprir, pois a determinação da nossa vontade não depende de modo algum da natureza, e sim apenas de nós mesmos.

A escolha de uma categoria é uma escolha através da liberdade. Consequentemente, nenhum homem pode ser forçado a integrar uma categoria qualquer ou ser excluído de uma categoria qualquer. Toda ação individual, assim como toda organização (*Veranstaltung*) geral que

TERCEIRA PRELEÇÃO

visem a uma tal coerção são ilegítimas; sem contar que é imprudente forçar um homem a integrar uma categoria e desviá-lo de outra, pois ninguém pode conhecer perfeitamente os talentos particulares do outro, e assim muitas vezes se perde inteiramente um membro para a sociedade, pois ele é colocado num posto impróprio. Fora isto, esta coerção é ilegítima em si, pois põe nossa ação em contradição com o nosso conceito prático dela. Queríamos um *membro* da sociedade, e fazemos uma *ferramenta* da mesma; queríamos um *livre colaborador* no nosso grande plano, e fazemos um *instrumento passivo e forçado* do mesmo. Na medida em que dependia de nós, com a nossa organização matamos nele o homem, e falhamos com ele e com a sociedade.

Uma categoria determinada foi escolhida, e com isso o cultivo ulterior de um talento determinado *para poder restituir à sociedade o que ela fez por nós*; [49] portanto, cada um também está obrigado a aplicar efetivamente a sua formação em proveito da sociedade. Nenhum de nós tem o direito de trabalhar apenas para o gozo próprio, de fechar-se para os seus próximos e tornar sua formação (*Bildung*) inútil para eles, pois fomos postos em condições de adquiri-la justamente pelo trabalho da sociedade. Num certo sentido, nossa formação é um produto, uma propriedade dela; e lhe roubamos esta propriedade se não queremos ser-lhe úteis. Cada um tem o dever de não apenas querer ser útil em geral à sociedade, mas também de dirigir todos os seus esforços, o melhor que o saiba, para o fim último da sociedade, para enobrecer cada vez mais o gênero humano, isto é, torná-lo cada vez mais livre da coerção da natureza, cada vez mais independente e auto--ativo — e assim, através dessa nova desigualdade, surge

O DESTINO DO ERUDITO

uma nova igualdade: um progresso uniforme da cultura (*Cultur*) em todos os indivíduos.[2]

Não digo que as coisas sejam sempre assim como as descrevi agora, mas deveriam ser assim, segundo os nossos conceitos práticos da sociedade e de suas diferentes categorias; e podemos e devemos trabalhar para fazer com que venham a ser assim.[3] Veremos a seu tempo com que vigor particularmente a categoria erudita pode agir

---

2. Sobre a *escolha* de uma categoria e os *deveres* resultantes desta escolha, cf. J G Fichte, *Sistema da doutrina dos costumes*, sw 4, 271–4.

3. "É nosso dever escolher uma categoria, não segundo a inclinação, e sim segundo a melhor convicção de que é o que melhor se ajusta diretamente a nós, segundo a medida de nossas forças, de nossa formação, das condições externas que estão em nosso poder. O propósito da nossa vida não é a satisfação da inclinação, e sim a promoção do fim da razão: toda força no mundo sensível, porém, deve ser utilizada da maneira mais vantajosa para este propósito. Poder-se-ia dizer contra isto: pouquíssimos homens escolhem por si mesmos sua categoria, e sim ela é escolhida para eles pelos seus pais, pelas circunstâncias etc.; ou, quando se pode dizer que eles mesmos a escolhem, eles a escolhem antes da devida maturidade da razão, antes que sejam capazes de uma reflexão séria e da determinação pela simples lei moral. Respondo que isto não deveria ser assim, e que todo aquele que compreenda isto tem de trabalhar para que, se possível, isto venha a ser diferente. Todos os homens deveriam ser educados e educar-se da mesma maneira até o desenvolvimento e a maturidade da humanidade em geral neles; e somente então deveriam escolher uma categoria. Não negamos que então muitas outras coisas também teriam de ser diferentes do que são atualmente nas relações humanas. Mas uma doutrina dos costumes estabelece em todas as partes o ideal, ainda que este não devesse ser exequível em todas as circunstâncias. Ele não pode sê-lo, pois então ele mesmo seria flutuante e indeterminado. Mas ele também não deve regular-se pelas circunstâncias, e sim as circunstâncias devem começar a regular-se por ele." J G Fichte, *Sistema da doutrina dos costumes*, sw 4, 272–3.

TERCEIRA PRELEÇÃO

para esse fim e quantos meios estão em seu poder para isso.

Se consideramos a ideia desenvolvida sem nenhuma referência a nós mesmos, vemos, pelo menos fora de nós, uma associação na qual ninguém pode trabalhar para si mesmo sem trabalhar para todos os outros, ou trabalhar para os outros sem, ao mesmo tempo, trabalhar para si mesmo — na medida em que o progresso feliz de um só membro é um progresso feliz para todos, e a perda de um, uma perda para todos: um panorama que, já pela harmonia que vemos na mais completa diversidade, nos faz bem intimamente e eleva poderosamente o nosso espírito.

O interesse cresce quando lançamos um olhar sobre nós mesmos e nos consideramos como membros desta grande e íntima associação. O sentimento da nossa dignidade e da nossa força cresce, se nos dizemos o que cada um de nós pode dizer a si mesmo: minha existência não é vã e sem um fim; sou um elo necessário da grande cadeia que se estende do desenvolvimento do primeiro homem à plena consciência da sua existência até a eternidade. Tudo o que alguma vez houve de grande e sábio e nobre entre os homens — aqueles benfeitores do gênero humano cujos nomes leio assinalados na história do mundo, e os muitos cujos méritos existem sem os seus nomes — todos eles trabalharam para mim. Vim colher o que semearam. Na terra em que habitaram, caminho sobre os rastos que espalham as suas bênçãos. Posso, tão logo [50] quiser, tomar em minhas mãos a sublime tarefa que eles se propuseram: tornar nossa irmandade[4] cada vez mais sábia e feliz. Posso seguir construindo onde eles tiveram

---

4. Expressões como esta ("unser Brudergeschlecht") e a referência ao "amigo dos homens e da verdade" que "assiste à guerra aberta

O DESTINO DO ERUDITO

de parar; posso aproximar do seu acabamento o templo magnífico que eles tiveram de deixar inacabado.

---

da luz com as trevas" seriam tipicamente maçônicas, segundo J.-L Vieillard-Baron (cf. "Introduction historique", in J G Fichte, *Conférences sur la destination du savant*. Paris: Vrin, 1980, p 16–8). No entanto, I Radrizzani observa que elas seriam antes características do "jargão dos revolucionários franceses", possuindo apenas "uma conotação maçônica indireta" (cf. "Introduction", in J G Fichte, *Philosophie de la maçonnerie*. Paris: Vrin, 1995, p 15, nota 35). Como Lessing, Herder, Goethe, Jacobi, Böttiger, Voigt, Hufeland e tantos outros, Fichte era maçom — e já o era *antes* de tornar-se professor em Jena, ao contrário do que informa Vieillard-Baron. Em 1793, Fichte foi recebido na loja "Eugenia do leão dourado", em Danzig, e a 6 (?) de novembro de 1794 na loja "Günther do leão erguido", em Rudolstadt. Seus vínculos maçônicos desempenharam um certo papel em sua admissão em Jena — e também nos ataques que lhe seriam feitos, uma vez que a convivência entre as lojas e outras sociedades secretas nem sempre era pacífica. A cooperação do "irmãos" foi igualmente útil para o definitivo estabelecimento de Fichte em Berlim, em 1800, pois, em conseqüência da acusação de ateísmo (leia-se democratismo) que sofrera no ano anterior, ele foi forçado a deixar Jena e tentou, sem sucesso, radicar-se na França, em Mainz e na Suíça. Em maio de 1800 Fichte foi acolhido na loja berlinense "Pitágoras da estrela flamejante", participando intensamente nas iniciativas de reforma dos estatutos da ordem, inclusive mediante uma série de preleções, logo publicadas nos dois primeiros números da revista *Eleusinien* sob o título "Cartas a Constant". Seus esforços reformistas resultaram em tantas intrigas e mal-entendidos que, já farto de tudo isto, Fichte deixou a maçonaria definitivamente em agosto do mesmo ano. Cf. F O Coves, "Introducción", in J G Fichte, *Filosofía de la masonería. Cartas a Constant*. Madrid: Istmo, 1997, p 7–40. — É significativo que em seu breve discurso de filiação à loja de Rudolstadt (*GA* II/3, 375–77), Fichte tenha recapitulado as teses centrais de suas recém-publicadas *Preleções*, convertendo a destinação do erudito na destinação do maçom — e afirmando que o propósito último da maçonaria não poderia ser outro senão aquele que também deveria ser perseguido fora dela: a promoção do contínuo aperfeiçoamento do gênero humano.

TERCEIRA PRELEÇÃO

"Mas, como eles, também eu terei de parar", poderia alguém dizer. Oh!, este é o mais sublime de todos os pensamentos: se empreendo aquela sublime tarefa, nunca a terei acabado. Assim, tão certo como a minha destinação é empreendê-la, nunca posso parar de *agir* e, portanto, nunca parar de *ser*. O que se denomina morte não pode interromper minha obra, pois minha obra deve ser acabada; mas como em tempo algum pode ser acabada, tempo algum está determinado para a minha existência — e sou eterno. Com o empreendimento daquela grande tarefa, apoderei-me ao mesmo tempo da eternidade. Levanto ousadamente minha cabeça para a montanha ameaçadora, para a estrondosa catarata, para as nuvens trovejantes, flutuando num mar de fogo, e digo: eu sou eterno, e desafio o vosso poder! Precipitai-vos todos sobre mim! E tu, terra, e tu, céu, misturai-vos num tumulto selvagem, e vós, elementos todos, espumai e enfurecei, e triturai numa luta selvagem a última partícula do corpo que chamo meu. Minha vontade sozinha, com o seu sólido plano, deve pairar, ousada e fria, sobre as ruínas do universo; pois tomei em minhas mãos minha destinação, e esta é mais duradoura do que vós. Ela é eterna, e sou eterno como ela.

Quarta preleção: Sobre a destinação do erudito

Hoje falarei da destinação do erudito.

Encontro-me numa situação particular em face deste assunto. Todos vós, meus senhores, ou a maioria entre vós, escolheram as ciências como ocupação da vossa vida, assim como eu. Todos os senhores — como se pode admitir — aplicam toda a sua força para poderem ser arrolados, com honra, na categoria dos eruditos; e eu fiz e faço o mesmo. Devo falar como erudito, diante de eruditos iniciantes, sobre a destinação do erudito. Devo investigar a fundo este assunto e, se for capaz, esgotá-lo. Não devo omitir nada na apresentação da verdade. E se descubro para esta categoria uma destinação muito honrosa, [51] muito sublime, muito distinta em face de todas as demais categorias, como poderei sustentá-la sem ferir a modéstia, sem envilecer as demais categorias, sem parecer cego pela presunção? Mas falo como filósofo, o qual tem a obrigação de determinar rigorosamente cada conceito. O que posso contra o fato de que é chegada a vez no sistema justamente deste conceito? Não me é permitido omitir nada da verdade reconhecida. Ela é sempre a verdade. Mesmo a modéstia lhe está subordinada, e é uma falsa modéstia se a prejudica. Permitam-nos investigar o nosso objeto de início friamente, como se ele não tivesse relação conosco; investigá-lo como um conceito

O DESTINO DO ERUDITO

de um mundo inteiramente estranho a nós. Permitam-nos aguçar nossas provas o mais que pudermos. Não nos permitam esquecer o que penso apresentar a seu tempo não com menor força: que cada categoria é necessária; que cada uma merece o nosso respeito; que não é a categoria, e sim a digna afirmação da mesma que honra o indivíduo; e que cada um só é digno de honra na medida em que chega o mais próximo do perfeito cumprimento do que cabe à sua posição — que, justamente por isso, o erudito tem razões para ser o mais modesto de todos, porque lhe está fixada uma meta da qual permanecerá sempre muito afastado — porque tem a alcançar um ideal muito sublime, do qual habitualmente se aproxima apenas a uma grande distância.

"Encontram-se no homem vários impulsos e disposições, e a destinação de cada indivíduo é cultivar todas as suas disposições tanto quanto possa. Entre outros, encontra-se nele o impulso para a sociedade; esta lhe oferece uma formação (*Bildung*) nova, particular — a formação para a sociedade — e uma incomum facilidade para a formação em geral. Quanto a isso, não há nada prescrito ao homem — se quer cultivar todas as suas disposições em conjunto, imediatamente na natureza, ou mediatamente, através da sociedade. O primeiro é difícil e não leva a sociedade adiante; por isso, cada indivíduo, com razão, escolhe para si um determinado ramo da formação (*Ausbildung*) geral, deixa os demais aos membros da sociedade e espera que eles *lhe* permitirão compartilhar do benefício da formação (*Bildung*) *deles*, assim como ele *os* permite compartilhar da *sua*; e esta é a origem e o fundamento de direito (*Rechtsgrund*) da diversidade das categorias na sociedade."

Estes são os resultados das minhas preleções até

QUARTA PRELEÇÃO

agora. Uma divisão das diferentes categorias segundo conceitos puros da razão, o que é certamente possível, teria de ter à sua base uma enumeração exaustiva de todas as disposições e carecimentos naturais do homem (não acaso dos seus carecimentos meramente artificiais). Uma categoria particular pode dedicar-se à cultura (*Cultur*) de cada disposição — ou, o que significa a mesma coisa — à satisfação de cada carecimento natural fundado num impulso originariamente subjacente ao homem. [52] Reservamo-nos esta investigação para um outro momento, a fim de empreendermos na presente hora uma que nos é mais próxima.

Se se levantasse a questão sobre a perfeição ou imperfeição de uma sociedade instituída segundo as proposições fundamentais acima — e toda sociedade se institui exatamente assim, através dos impulsos naturais do homem, sem qualquer outra coisa que a conduza e inteiramente por si mesma, como esclarece nossa investigação sobre a origem da sociedade — se se levantasse, digo eu, aquela questão, sua resposta pressuporia a investigação da seguinte questão: cuidou-se, na sociedade dada, do desenvolvimento e da satisfação de *todos* os carecimentos e, na verdade, do desenvolvimento e da satisfação *uniformes* de todos? Se se cuidasse disso, a sociedade seria perfeita enquanto sociedade, o que não quer dizer que ela teria *alcançado* a sua meta, o que, segundo nossas considerações anteriores, é impossível, e sim que estaria de tal modo instituída que teria de se *aproximar* necessariamente cada vez mais da sua meta. Mas caso não se tivesse cuidado disso, ela em verdade poderia, por um acaso feliz, avançar no caminho da cultura, mas nunca poder-se-ia contar seguramente com isso; ela poderia igualmente, por um acaso infeliz, regredir.

O cuidado com esse desenvolvimento uniforme de todas as disposições do homem pressupõe antes de tudo o conhecimento da totalidade de suas disposições, a ciência de todos os seus impulsos e carecimentos, a medição adequada de todo o seu ser. Mas esse conhecimento integral do homem como um todo baseia-se numa disposição que tem de ser desenvolvida; pois sem dúvida existe no homem um impulso para *saber*, e, particularmente, para saber o que lhe é necessário. Mas o desenvolvimento desta disposição exige todo o tempo e todas as forças de um homem. Se existe algum carecimento comum que exige instantemente que uma categoria particular se dedique à sua satisfação, então é este.

Ora, o simples *conhecimento* das disposições e carecimentos do homem, sem a ciência de os *desenvolver* e *satisfazer*, não seria apenas um conhecimento extremamente triste e deprimente; ele seria ao mesmo tempo um conhecimento vazio e inteiramente inútil. Aquele que mostra minhas falhas sem ao mesmo tempo me mostrar o meio pelo qual possa reparar minhas falhas; que me leva ao sentimento dos meus carecimentos sem me colocar em condições de satisfazê-los, age para comigo de modo muito pouco amistoso. Antes tivesse me deixado em minha ignorância animal! Em suma, esse conhecimento não seria aquele conhecimento que a sociedade exigia e por cuja causa ela teria de ter uma categoria particular que estaria na posse de conhecimentos; pois ele não visava ao aperfeiçoamento da espécie e, mediante esse aperfeiçoamento, à sua unificação, como, no entanto, deveria. A [53] este conhecimento dos carecimentos tem pois de ser unido, ao mesmo tempo, o conhecimento dos *meios pelos quais eles podem ser satisfeitos*; e este conhecimento cabe com razão à mesma catego-

QUARTA PRELEÇÃO

ria, pois nenhum pode tornar-se perfeito e, menos ainda, ativo e vivo sem o outro. O conhecimento do primeiro tipo funda-se em princípios puros da razão, e é *filosófico*; o do segundo, em parte na experiência, e é nesta medida *filosófico-histórico* (não simplesmente histórico; pois tenho de referir os fins, que se deixam conhecer apenas filosoficamente, aos objetos dados na experiência para poder ajuizar os últimos como meios para o alcance dos primeiros). Este conhecimento deve tornar-se útil à sociedade; portanto, não se trata apenas de saber em geral que disposições o homem possui em si e por que meios em geral pode desenvolvê-las. Um tal conhecimento permaneceria ainda totalmente estéril. Ele ainda tem de avançar mais um passo para garantir efetivamente a utilidade desejada. Tem-se de saber em que nível determinado da cultura se encontra aquela sociedade de que se é membro num determinado momento, que grau determinado ela tem a galgar a partir deste e quais os meios de que ela dispõe para isso. Ora, a partir de fundamentos racionais, sob o pressuposto de uma experiência em geral, antes de toda experiência determinada, pode-se sem dúvida calcular o curso do gênero humano; pode-se indicar aproximadamente os níveis específicos pelos quais ele tem de passar para, num grau determinado, chegar à cultura. Mas indicar o nível em que ele efetivamente se encontra num momento determinado é algo que não se pode fazer de modo algum a partir de simples fundamentos racionais. Para isso, tem-se de interrogar a experiência. Tem-se de investigar os acontecimentos do mundo passado — mas com um olhar apurado pela filosofia; tem-se de voltar os olhos ao redor e observar os seus contemporâneos. Esta última parte do conhecimento necessário à sociedade é, portanto, simplesmente *histórica*.

O DESTINO DO ERUDITO

Os três tipos de conhecimento indicados, considerados unidos entre si — pois fora desta união são apenas de uma módica utilidade — constituem o que se denomina, ou pelo menos dever-se-ia exclusivamente denominar, erudição (*Gelehrsamkeit*); e aquele que dedica a sua vida à aquisição desse conhecimento chama-se um erudito.

Com efeito, nenhum erudito tem de abarcar todo o âmbito do saber humano, segundo aqueles três tipos de conhecimento. Isto seria na maior parte impossível, e justamente porque é impossível, o esforço para consegui-lo seria infrutífero e a vida inteira de um membro — que teria podido ser útil à sociedade — [54] desperdiçar-se-ia sem ganho para ela. Os indivíduos podem delimitar para si partes singulares daquele domínio; mas cada um deveria elaborar a sua parte segundo aqueles três aspectos: o filosófico, o filosófico-histórico e o simplesmente histórico. Com isto, indico apenas provisoriamente o que em outro momento tratarei de modo mais amplo.[1] Por ora,

---

1. No semestre seguinte, Fichte continuou suas preleções públicas retomando o tema a partir deste ponto, como se lê na abertura do manuscrito da primeira sessão: "Falo nestas preleções da destinação do erudito, como é bem conhecido pela maioria dos senhores. A destinação do homem em geral é aperfeiçoar-se ao infinito. Para este fim último dirigem-se também todos os vínculos sociais entre os homens. A destinação do *erudito* é velar por este avanço da cultura na sociedade humana, promovê-lo e dar-lhe sua direção. Para poder realizar isto ele tem de saber antes de mais nada em que consiste a perfeição do gênero humano: tem de conhecer todas as suas disposições e carecimentos; e para este propósito adquire conhecimentos filosóficos. No semestre passado investigamos juntos como ele pode adquirir da melhor maneira estes conhecimentos e para quais entre estes deve olhar preferencialmente. Além disso, o erudito tem de conhecer os meios pelos quais aquelas disposição são

QUARTA PRELEÇÃO

quero assegurar ao menos pelo meu testemunho que o estudo de uma filosofia sólida não torna de forma alguma supérflua a aquisição de conhecimentos empíricos, contanto que sejam sólidos, e sim que ela antes mostra da maneira mais convincente a indispensabilidade dos mesmos. Ora, o fim de todos estes conhecimentos é o que foi indicado acima: cuidar, por meio deles, para que todas as disposições da humanidade se desenvolvam de modo uniforme, contínuo, mas progressivamente. Disto resulta a verdadeira destinação da categoria dos eruditos: a *suprema inspeção do progresso efetivo do gênero humano em geral e a contínua promoção desse progresso*. Contenho-me fortemente, meus senhores, para não deixar que o meu sentimento seja arrebatado por esta ideia sublime agora exposta, pois o caminho da fria investigação ainda não está terminado. Mas tenho de chamar a atenção, ainda que de passagem, para o que *fariam* propriamente aqueles que procurassem deter o livre progresso das ciências. Digo: fariam; pois, como posso saber se existem ou não tais pessoas? Todo o progresso do gênero humano depende imediatamente do progresso das ciências. E quem impede este, impede aquele. E quem o impede, que espécie de caráter apresenta publicamente diante de sua época e da posteridade? Mais alto do que mil vozes, ele clama com suas ações ao mundo e à posteridade nos ouvidos aturdidos: pelo menos enquanto eu viver, os ho-

---

desenvolvidas e aqueles carecimentos satisfeitos, e para isto ele precisa de conhecimentos filosófico-históricos. Por fim, ele tem de saber com exatidão em qual nível da cultura está justamente a sua época; e para isto ele precisa de um conhecimento meramente histórico. De acordo com isto, falarei neste semestre sobre quais conhecimentos *históricos* adequados a este fim o erudito deve reunir." — J G Fichte, "1ste Vorlesung. Im Winter-Halbjahr", *GA* II/3, 357.

O DESTINO DO ERUDITO

mens à minha volta não deverão se tornar mais sábios e melhores; pois, em seu progresso violento, também eu, apesar de toda resistência, teria sido arrastado ao menos em alguma coisa, e isso eu abomino. Não quero me tornar mais ilustrado, não quero me tornar mais nobre. As trevas e a perversidade são o meu elemento, e mobilizarei até minhas últimas forças para não ser deslocado dele. A humanidade pode dispensar tudo; pode-se tirar tudo dela sem ofender sua verdadeira dignidade, mas não a possibilidade do aperfeiçoamento. Frios e mais astutos que o ser misantrópico que a Bíblia nos descreve, estes misantropos refletiram e calcularam, e exploraram a partir das mais sagradas profundezas onde tinham de atacar a humanidade para esmagá-la em germe — e o encontraram. A humanidade desvia-se indignada da figura de tais seres. Retornemos à nossa investigação.

[55] A ciência é mesmo um ramo da formação (*Bildung*) humana. Cada ramo tem de ser levado adiante, se todas as disposições da humanidade devem continuar sendo cultivadas (*ausgebildet*). Portanto, cabe ao erudito, assim como a todo homem que escolheu uma categoria particular, esforçar-se por levar adiante a ciência e, particularmente, a parte da ciência por ele escolhida. É o que lhe cabe, como a todo homem em sua disciplina (*Fach*); sim, mas lhe cabe ainda muito mais. Ele deve velar pelos progressos das demais categorias e promovê-lo. Mas ele mesmo *não* gostaria de progredir? Do seu progresso dependem os progressos em todas demais disciplinas da formação (*Bildung*) humana. Ele tem de estar sempre à frente delas para lhes abrir o caminho, investigá-lo e conduzi-las por ele. Mas ele gostaria de ficar para trás? A partir do momento em que o quisesse, ele deixaria de ser o que deveria ser; e como não é outra coisa, não seria

QUARTA PRELEÇÃO

nada. Não digo que todo erudito tenha de *levar adiante efetivamente* a sua disciplina. Ora, e se ele não o pode? Mas digo que tem de se *esforçar* para levá-la adiante; que não tem de descansar nem acreditar ter cumprido o seu dever até que a tenha levado adiante. Enquanto vive, ele poderia sempre levá-la adiante. Se a morte o apanha antes de ter alcançado seu fim – pois bem, então ele está dispensado dos seus deveres para com este mundo dos fenômenos e sua séria vontade lhe é creditada como cumprida. Se a regra seguinte vale para todos os homens, então ela vale de modo totalmente particular para o erudito: que o erudito esqueça o que fez tão logo esteja feito, e que pense sempre apenas no que ainda tem por fazer. Ainda não foi muito longe aquele para quem o seu campo não se alarga a cada passo dado no mesmo.

O erudito está destinado à sociedade com total preeminência: na medida em que é um erudito, e mais do que qualquer outra categoria, ele existe propriamente apenas pela sociedade e para a sociedade. Portanto, ele tem muito particularmente o dever de cultivar em si, principalmente e no mais alto grau possível, os talentos sociais: a *receptividade (Empfänglichkeit)* e a *capacidade de comunicação (Mittheilungsfertigkeit)*. Se adquiriu de maneira apropriada os conhecimentos empíricos apropriados, é porque nele a receptividade já devia estar especialmente cultivada. Ele deve estar familiarizado com o que já existia antes dele em sua ciência, algo que só pode ter aprendido pelo ensino — seja o ensino oral ou pelos livros — e não ter desenvolvido por reflexão a partir de simples fundamentos racionais. Mas ele deve conservar essa receptividade através de um aprendizado contínuo e procurar guardar-se diante do total fechamento a opiniões e modos de exposição alheios, o que é frequente, às vezes

O DESTINO DO ERUDITO

mesmo em excelentes pensadores autônomos (*Selbstden-kern*); pois ninguém é tão instruído que não possa aprender sempre e que às vezes [56] não tenha a aprender ainda algo muito necessário; e raro é alguém tão ignorante que não deva poder dizer, mesmo ao mais erudito, algo que este não saiba. O erudito carece sempre da capacidade de comunicação; pois não possui o seu conhecimento para si mesmo, e sim para a sociedade. Cabe a ele exercitá-la desde a juventude e mantê-la em contínua atividade. *Por quais meios* deve fazê-lo, investigaremos a seu tempo.

Pois bem, ele deve aplicar seu conhecimento adquirido para a sociedade efetivamente em proveito da sociedade; deve levar os homens ao sentimento dos seus verdadeiros carecimentos e familiarizá-los com os meios para satisfazê-los. Mas isso não quer dizer que deva empenhar-se com eles nas profundas investigações que ele mesmo teve de empreender para encontrar algo certo e seguro. Ele assim visaria a tornar todos os homens em eruditos tão grandes quanto porventura ele mesmo possa ser, o que é impossível e contrário ao proposto. O restante também tem de ser feito; e para isso existem outras categorias. Se estas devessem dedicar o seu tempo a investigações eruditas, então mesmo os eruditos logo teriam de deixar de ser eruditos.[2] Mas como ele pode e deve difundir os seus conhecimentos? A sociedade não

---

2. "É nosso dever formar o espírito e o corpo preferencialmente para a sua utilidade para aquela categoria à qual nos dedicamos. Para o lavrador são necessárias preferencialmente a força e a durabilidade do corpo; para o artista, a habilidade e a destreza do mesmo; a formação espiritual teórica é para este, em sua categoria, apenas um meio; para o erudito, o cultivo do espírito sob todos os aspectos é um fim, e o corpo é para ele somente um meio para sustentar e conservar o espírito no mundo sensível. Os eruditos parecem ter tido neste aspecto uma influência danosa sobre a opinião dos povos. Para eles é

QUARTA PRELEÇÃO

poderia existir sem a confiança na retidão e na habilidade dos outros, e, por isto, esta confiança está profundamente gravada no nosso coração; e por um favor especial da natureza, nunca a possuímos num grau superior senão quando carecemos de modo mais premente da retidão e da habilidade dos outros. Ele está autorizado a contar com esta confiança em sua retidão e sua habilidade, caso a tenha obtido como deve. Além disso, há em todos os homens um sentimento do verdadeiro que, no entanto, não basta por si só, e sim tem de ser desenvolvido, examinado e depurado; e justamente esta é a tarefa do erudito. Este sentimento não bastaria para conduzir o não erudito a todas as verdades de que ele careceria; mas, contanto que não tenha sido artificialmente falsificado — e isso acontece com frequência justamente através de pessoas que se têm na conta de eruditos —, ele sempre bastará para

---

um dever refletir e cultivar sistematicamente seu entendimento, pois isto é exigido pela sua categoria. O que era um dever da categoria, muitos quiseram tornar num dever dos homens em geral, e o sentido de sua exigência parecia ser aproximadamente o de que todos os homens se tornassem em eruditos. Entre os teólogos, e da maneira mais evidente, havia e em parte ainda há uma tendência a tornar todos os homens tão bons teólogos quanto eles mesmos, e a considerar sua ciência como necessária para a bem-aventurança. Em consequência disto, atribuiu-se um valor muito alto ao esclarecimento teórico (*theoretischen Aufklärung*), mesmo na falta de outras boas qualidades; e a virtude e a beatitude foram postas no refletir e no especular solitários. Para o erudito isto é certamente uma virtude, mas mesmo assim apenas na medida em que ele tem o fim de comunicar-se. Outras categorias carecem de uma cultura teórica apenas enquanto é em parte necessário que elas possam entender e ajuizar o que é próprio às funções de sua categoria e ao aperfeiçoamento de sua arte. O principal é que elas se elevem ao agir a partir do dever, para o que se carece menos da cultura do entendimento que da cultura da vontade." J G Fichte, *Sistema da doutrina dos costumes*, sw 4, 274.

O DESTINO DO ERUDITO

que, mesmo sem profundas razões, reconheça a verdade como verdade, caso um outro o conduza a ela. O erudito pode (*darf*) igualmente contar com este sentimento da verdade.[3] Portanto, o erudito, tal como desenvolvemos o seu conceito até agora, é, conforme a sua destinação, o *mestre (Lehrer)* da humanidade.

Mas ele não só deve em geral familiarizar os homens com seus carecimentos e os meios para satisfazê--los: deve em particular dirigi-los em cada época e em cada lugar aos carecimentos surgidos justamente agora, sob circunstâncias determinadas, e aos meios determinados para alcançar os fins propostos agora. Ele não vê apenas o presente; vê também o futuro. Não considera apenas o ponto de vista atual; [57] considera também para onde o gênero humano tem de caminhar de agora em diante, se deve permanecer no caminho de sua meta última e não se desviar dele ou retroceder. Ele não pode querer arrastá-lo de uma só vez até o ponto que resplandece nos seus olhos. O gênero humano não pode saltar sobre o seu caminho. O erudito deve apenas cuidar para que ele não estaque e não retroceda.[4] A esse respeito, o erudito é o

---

3. Em seu escrito-programa Fichte também se refere a este "sentimento" ou "senso" da verdade como tão necessário para o filósofo quanto o "senso da beleza" para o artista. Cf. J G Fichte, *Sobre o conceito da doutrina da ciência ou da assim chamada filosofia* (SW 1, 73; ed. bras. p 29, nota 25). Fichte voltaria a tratar do "sentimento da verdade" nas duas últimas preleções do semestre seguinte, cujos materiais serviram de base para o artigo "Sobre a vivificação e a elevação do puro interesse pela verdade", publicado em janeiro de 1795 no primeiro número da revista *Die Horen*, editada por Schiller.

4. "Buscar e tornar conhecida a verdade, que ou bem para a época em geral, ou bem somente para a maioria dos indivíduos nesta época é meramente teórica, é o dever de uma categoria particular: a dos eruditos. A verdade deve tornar-se prática, apenas não o pode logo

QUARTA PRELEÇÃO

educador da humanidade. Observo expressamente aqui que, nesta ocupação, como em todas as suas outras ocupações, o erudito se encontra sob o âmbito (*Gebiete*)[5] da lei moral, da concordância consigo mesmo ordenada por ela. Ele age sobre a sociedade; esta se funda no conceito da liberdade. Ela e todos os seus membros são livres; e ele não pode (*darf*) tratá-la senão com meios morais. O erudito não cairá na tentação de levar os homens a admitir suas convicções por *meios coercitivos*, pelo uso da força física. Em nossa época, não deveríamos ter de dizer mais nenhuma palavra contra esta loucura; mas ele também não deve *enganá-los.* Além de que assim faltaria consigo mesmo e que os deveres do homem seriam em todo caso superiores aos deveres do erudito, ele estaria em falta ao mesmo tempo com a sociedade. Todo indivíduo deve agir na sociedade por livre escolha e segundo uma convicção *ajuizada por ele mesmo como suficiente.* Ele deve poder considerar-se a si mesmo como fim (*Mitzweck*) em cada uma de suas ações e ser tratado como tal por todos os outros membros. Quem é enganado é tratado como um simples meio.

O fim último de cada homem singular, assim como o de toda a sociedade, e portanto também o de todos os trabalhos do erudito na sociedade, é o enobrecimento moral do homem inteiro. É o dever do erudito erigir sempre

---

e de uma vez, pois não se pode saltar nenhum passo no caminho do aperfeiçoamento da espécie humana. Esta categoria trabalha para as épocas futuras e deposita como que tesouros que serão utilizados somente nelas." J G Fichte, *Sistema da doutrina dos costumes*, SW 4, 291.

5. *Gebiete* ou *Gebote* (preceito, mandamento)? — indagam os editores da GA (I/3, 57). Seja como for, o erudito encontra-se *sob* a lei moral.

O DESTINO DO ERUDITO

este fim último e tê-lo diante dos olhos em tudo o que faz na sociedade. Mas ninguém pode trabalhar com felicidade no enobrecimento moral que não seja ele mesmo um homem bom. Não ensinamos apenas através de palavras; ensinamos também, de modo muito mais penetrante, através do nosso exemplo; e aquele que vive na sociedade lhe deve um bom exemplo, pois a força do exemplo surge apenas através da nossa vida na sociedade. Como é então bem maior a dívida do erudito — afinal, em todos os pontos (*Stücken*) da cultura ele deve estar à frente das demais categorias! Se ele fica para trás a respeito do mais importante e supremo, daquilo a que toda cultura visa, como pode ser o modelo que, no entanto, deve ser; e como pode acreditar que os outros seguirão seus ensinamentos, os quais ele contradiz aos olhos de todos por cada ação de sua vida? (As palavras [58] que o fundador da religião cristã dirigiu aos seus discípulos valem de modo totalmente apropriado para o erudito: "Vós sois o sal da terra; se o sal perde a sua força, com o que se deve salgar?"[6] Se o melhor entre os homens está corrompido, onde ainda se deve buscar o bem moral?) Por isso, considerado sob esse último aspecto, o erudito deve ser o homem *moralmente melhor* de sua época: deve apresentar em si o nível mais alto de formação (*Ausbildung*) moral possível até ele.

Esta é a nossa destinação em comum, meus senhores, este é o nosso destino em comum. Um destino feliz de estar determinado pela sua vocação (*Beruf*) particular a fazer aquilo que teria de fazer já por causa de sua vocação geral enquanto homem — de dever dirigir seu tempo

---

6. Mateus 5.13.

QUARTA PRELEÇÃO

e suas forças para nada mais senão para o que, aliás, ter-se-ia de poupar tempo e energia com prudente parcimônia — de ter como trabalho, como ocupação, como única tarefa diária da sua vida o que para outros seria um doce descanso do trabalho! Eis aqui um pensamento fortalecedor e que eleva a alma, um pensamento que qualquer um dos senhores que seja digno de sua destinação pode ter: também a mim, em meu âmbito, está confiada a cultura da minha época e das épocas seguintes; também pelos meus trabalhos desenvolver-se-á o curso das gerações futuras, a história universal das nações que ainda devem surgir. Estou chamado a dar testemunho da verdade. Minha vida e meus destinos nada importam; já os efeitos de minha vida importam infinitamente. Sou um sacerdote da verdade. Estou a seu soldo. Obriguei-me a tudo fazer, ousar e sofrer por ela. Se por sua causa devesse ser perseguido e odiado, se mesmo devesse morrer ao seu serviço — o que teria feito de extraordinário, o que teria feito além do que simplesmente tinha de fazer?

Sei, meus senhores, o quanto disse agora; sei igualmente bem que uma época emasculada e sem nervos não suporta este sentimento e esta expressão; que uma tal época, com uma voz tímida que trai a vergonha interior, chama de entusiasmo (*Schwärmerei*) tudo aquilo a que não é capaz de se elevar; que retira com medo os seus olhos de um quadro em que nada vê a não ser sua enervação e sua vergonha; que tudo o que é forte e nos eleva lhe causa a uma impressão semelhante a de um toque em alguém paralisado em todos os seus membros. Sei tudo isso; mas sei também onde falo. Falo diante de jovens que, por suas idades, já estão assegurados em face desta total ausência de nervos, e, ao lado e por meio de uma doutrina dos costumes viril, gostaria ao mesmo tempo

O DESTINO DO ERUDITO

de mergulhar em suas almas sentimentos [59] que poderiam preservá-las disto mesmo no futuro. Confesso francamente que, justo deste ponto, no qual a Providência me colocou, gostaria de contribuir para difundir em todas as direções, até onde alcança a língua alemã, e ainda mais longe, se eu pudesse, um modo de pensar mais viril, um sentimento mais forte para a sublimidade e a dignidade, um ardor mais inflamado de cumprir com todo risco a sua destinação; a fim de que um dia, quando os senhores tiverem deixado estes arredores e se dispersado por todos os confins, eu reconhecesse nos senhores, em todos os confins onde viverão, homens cuja amiga eleita é a verdade; que se apegam a ela na vida e na morte; que a acolhem quando está expulsa de todo o mundo; que a defendem publicamente quando é caluniada e difamada; que suportam com alegria por ela o ódio astutamente dissimulado dos grandes, o sorriso insípido do louco e o dar de ombros compassivo do embotado. Com este propósito, disse o que disse, e com este propósito final direi tudo o que direi entre os senhores.

Quinta preleção: Exame das afirmações de Rousseau sobre a influência das artes e das ciências sobre o bem-estar da humanidade[1]

Para a descoberta da verdade, a contestação de erros opostos não é de grande proveito. Se alguma vez a verdade for deduzida da proposição fundamental que lhe é própria através de inferências corretas, então tudo o que a contradiga tem de ser, mesmo sem expressa refutação, necessariamente falso; e assim como se lança os olhos sobre todo o caminho que se tinha de percorrer para chegar a um conhecimento certo, assim também se avistam facilmente os atalhos que, a partir deste, levam a opiniões errôneas, e será fácil estar em condições de indicar com total exatidão a todo aquele que se extraviou o ponto a partir do qual se perdeu. Pois toda verdade pode ser deduzida apenas de uma única proposição fundamental.[2] Cabe a uma sólida doutrina da ciência mostrar *qual é essa*

---

1. Como o título sugere, o alvo das críticas de Fichte são as teses de Rousseau no *Discurso sobre as ciências e as artes,* premiado em 1750 num concurso promovido pela Academia de Ciências de Dijon a propósito da seguinte questão: o restabelecimento das ciências e das artes contribuiu para purificar os costumes?

2. Cf. J G Fichte, *Sobre o conceito da doutrina da ciência ou da assim chamada filosofia* e especialmente a primeira parte da *Fundação de toda a doutrina da ciência.*

O DESTINO DO ERUDITO

proposição para cada problema determinado. É prescrito pela lógica geral como se deve seguir inferindo a partir dessa proposição fundamental, [60] e assim se pode descobrir facilmente tanto o verdadeiro caminho como o descaminho.

Mas a menção de opiniões opostas é de grande proveito para a *apresentação inteligível e clara* da verdade encontrada. Pelo confronto da verdade com os erros somos obrigados a observar melhor as notas características de ambos e a pensá-las com precisão mais aguçada e maior clareza. Sirvo-me deste método para oferecer aos senhores hoje uma breve e clara visão geral do que expus nestas preleções até agora.

Situei a destinação da humanidade no progresso constante da cultura e no desenvolvimento uniformemente contínuo de todas as suas disposições e carecimentos; e indiquei um lugar muito honroso na sociedade humana à categoria que deve velar pelo progresso e a uniformidade desse desenvolvimento.

Ninguém contradisse essa verdade com tanta determinação, com razões mais aparentes e com eloquência mais enérgica do que Rousseau. Para ele, o avanço da cultura (*Cultur*) é a única causa de toda corrupção humana. Segundo ele, não há salvação para os homens a não ser no estado de natureza; e — o que se segue de modo totalmente correto de suas proposições fundamentais — aquela categoria que mais promove o progresso da cultura, a categoria dos eruditos, é para ele não só a fonte como o ponto central de toda miséria e corrupção humanas.

Tal proposição doutrinária foi exposta por um homem que cultivara suas próprias disposições espirituais até um grau muito elevado. Com toda a superioridade

QUINTA PRELEÇÃO

que esta sua eminente formação lhe dava, ele trabalhava para convencer, se possível, toda a humanidade da justeza de sua afirmação, para persuadi-la a retornar àquele estado de natureza por ele apregoado. Para ele, retorno é progresso; para ele, aquele estado de natureza abandonado é a meta última a que a humanidade, hoje corrompida e deformada, finalmente tem de chegar. Portanto, ele fazia justamente o que nós fazemos; ele trabalhava para, à sua maneira, levar adiante a humanidade, para promover seus progressos rumo à sua meta suprema e última. [61] Portanto, ele fazia justamente o que ele mesmo condenava tão amargamente; suas ações estavam em contradição com as suas proposições fundamentais.

Esta contradição é justamente a mesma que reina também nas suas proposições fundamentais em si. Mas o que o moveu a agir senão algum impulso em seu coração? Se tivesse investigado este impulso e o colocado ao lado do que o levou ao seu erro, então haveria unidade e concordância ao mesmo tempo no seu modo de agir e no seu modo de inferir. Se resolvemos a primeira contradição, resolvemos ao mesmo tempo a segunda; o ponto de unificação da primeira é ao mesmo tempo o ponto de unificação da segunda. Encontraremos este ponto; resolveremos a contradição. Compreenderemos Rousseau melhor do que ele compreendeu a si mesmo, e o encontraremos em perfeita concordância consigo mesmo e conosco.

O que pode ter levado Rousseau àquela estranha proposição, na verdade em parte afirmada por outros antes dele, mas, em sua universalidade, inteiramente contrária à opinião comum? Ele a inferira, por mero raciocínio, de uma proposição fundamental superior? Oh, não! Rousseau não avançou sob nenhum aspecto até os fundamentos de todo o saber humano; ele parece mesmo nunca ter se colocado a questão sobre os mesmos. O que Rousseau tem de verdadeiro funda-se imediatamente no seu sentimento; e o seu conhecimento tem por isso a falha de todo conhecimento fundado no mero sentimento não desenvolvido, que é a de ser em parte *incerto*, pois não se pode prestar contas integralmente sobre o seu sentimento; e de em parte mesclar o *verdadeiro com o não verdadeiro*, pois um juízo fundado sobre um sentimento não desenvolvido sempre estabelece como tendo o mesmo significado, o que, porém, não tem o mesmo significado. A saber, o *sentimento* nunca erra, mas a *faculdade do juízo* erra enquanto interpreta incorretamente o sentimento e toma um sentimento misto por um sentimento puro. Rousseau sempre infere corretamente a partir dos sentimentos não desenvolvidos que estão à base das suas reflexões. Uma vez que chega à região da inferência pela razão, está em acordo consigo mesmo e por isto arrasta irresistivelmente os leitores que podem pensar com ele. Se, no curso da inferência, tivesse podido permitir uma influência do sentimento, este o teria reconduzido ao caminho correto do qual o sentimento mesmo o desviou inicialmente. Para errar menos, Rousseau teria de ter sido um pensador ainda mais penetrante ou menos penetrante; e, do mesmo modo, para não se deixar induzir ao erro por ele, tem-se de possuir ou um grau muito alto ou muito baixo de penetração; ser totalmente um pensador ou não sê-lo de modo algum.

[62] Retirado do grande mundo, conduzido pelo seu sentimento puro e pela sua imaginação viva, Rousseau esboçara para si uma imagem do mundo e, particularmente, da categoria erudita, cujos trabalhos lhe ocupavam preferencialmente, uma imagem de como deveriam ser e de como, caso seguissem aquele sentimento co-

mum, necessariamente teriam de ser e seriam. Ele veio ao grande mundo, olhou ao seu redor; e o que se passou com ele quando viu o mundo e os eruditos tal como efetivamente eram! Ele viu, elevado a uma altura terrível, o que pode ver em toda parte qualquer um que use os seus olhos para ver — homens sem o pressentimento da sua alta dignidade e da centelha de Deus neles, encurvados sobre a terra, como os animais, e agrilhoados ao pó; viu suas alegrias, seus padecimentos e todo o seu destino dependentes da satisfação de sua baixa sensibilidade, cujos carecimentos se elevavam a um grau ainda mais doloroso a cada vez em que eram satisfeitos; viu como, na satisfação dessa baixa sensibilidade, não respeitavam nem o justo nem o injusto, nem o sagrado nem o profano, e como sempre estavam prontos a sacrificar a humanidade inteira ao primeiro capricho; viu como, enfim perdido todo o sentido para o justo e o injusto, colocavam a sabedoria na habilidade de alcançar o que lhes era vantajoso e o dever na satisfação dos seus prazeres; viu, por fim, como buscavam a sua sublimidade neste aviltamento e a sua honra nesta vergonha; como olhavam de cima, desdenhosamente, os que não eram *tão* sábios nem *tão* virtuosos como eles. Viu um espetáculo que finalmente também se pode ter na Alemanha — viu aqueles que deveriam ser os mestres e os educadores da nação decaídos em condescendentes escravos da sua corrupção, aqueles que deveriam dar à sua época o tom da sabedoria e da seriedade obedecer cuidadosamente ao tom dado pela mais dominante loucura e pelo mais dominante vício. A propósito da direção de suas investigações, ele não os ouviu perguntar: isso é verdadeiro, promove a bondade e enobrece?, e sim: será ouvido com prazer?, não: o que a humanidade ganhará com isso?, e sim: o que *eu*

O DESTINO DO ERUDITO

ganharei com isso?, quanto dinheiro?, ou qual clemente assentimento de um príncipe?, ou qual sorriso de uma bela mulher? — e também os viu investir sua honra nessa maneira de pensar; os viu encolher os ombros compassivamente diante dos imbecis que não sabiam pressentir o espírito dos tempos tão bem como eles; — viu o talento e a arte e o saber unidos para o fim miserável de extorquir um prazer ainda mais refinado dos nervos gastos por todos os prazeres, ou para o fim abominável de desculpar a corrupção humana, de justificá-la, de elevá-la à virtude, de demolir inteiramente tudo o que ainda lhe embarreirava o caminho; enfim, viu — e o experimentou através da sua própria experiência desagradável — aqueles indignos tão profundamente decaídos que perderam as últimas centelhas do pressentimento de que existia ainda alguma verdade e [63] o último receio diante dela, que se tornaram totalmente incapazes de se haver com razões, que, enquanto ainda gritavam esta exigência em seus ouvidos, diziam, basta, isto não é verdade, e não queremos que seja verdade, pois não há nada aí que possamos ganhar. Ele viu tudo isso e seu sentimento extremamente tenso e tão iludido se rebelou. Com profunda aversão, repreendeu sua época.

Não lhe censuremos esta susceptibilidade! Ela é o sinal de uma alma nobre. Quem sente em si o divino frequentemente eleva seus suspiros à eterna Providência: São, pois, estes os meus irmãos? São estes os companheiros que tu me deste no caminho da vida terrena? Sim!, eles têm a minha figura; mas nossos espíritos e nossos corações não são afins. Minhas palavras são de uma língua estranha para as suas palavras, e as suas para mim. Ouço o tinido dos seus sons, mas nada há no meu coração que pudesse dar-lhes um sentido! Oh, eterna Providên-

QUINTA PRELEÇÃO

cia, por que me deixaste nascer entre tais homens? Ou, se devia nascer entre eles, por que me deste este sentimento e este impulsivo pressentimento de algo melhor e superior? Por que não me fizeste igual a eles? Por que não fizeste de mim um homem vil como eles? Poderia assim viver contente com eles. Vós podeis repreender o seu tormento e censurar o seu descontentamento — vós, para quem tudo está bom, podeis encarecer aquela satisfação com que deixais que tudo vos agrade e a discrição com que tomais os homens como eles são! Ele seria tão discreto como vós, se tivesse tão poucos carecimentos nobres. Não podeis mesmo elevar-vos à representação de um estado melhor, e, para vós, tudo está efetivamente bom o bastante.

Ora, cheio deste amargo sentimento, Rousseau não era capaz de ver outra coisa senão o objeto que o incitara. A sensibilidade dominava. Isto era a fonte do mal. Ele queria saber suprimido apenas esse domínio da sensibilidade, a todo risco, custasse o que fosse. O que há de espantoso se caiu no extremo oposto? A sensibilidade não deve dominar; ela certamente não domina quando em geral é morta, quando já não existe de modo algum ou não está desenvolvida de modo algum e não tomou força. — Daí o estado de natureza de Rousseau.

No seu estado de natureza, as disposições próprias da humanidade não devem ainda estar cultivadas, não devem sequer estar insinuadas. O homem não deve ter nenhum outro carecimento senão os de sua natureza animal. Deve viver como o animal na pastagem ao lado dele. É verdade que, neste estado, não surgiria nenhum dos vícios que tanto rebelaram o sentimento de Rousseau. O homem comerá quando tiver fome e beberá quando tiver sede o que [64] vier a encontrar primeiro diante dele;

O DESTINO DO ERUDITO

e, quando saciado, não terá interesse algum em roubar aos outros aquele alimento de que ele mesmo já não pode precisar. Se estiver satisfeito, qualquer um poderá comer e beber tranquilamente diante dele o que e quanto quiser; pois *ele* agora precisa justamente de repouso e não tem tempo para incomodar os outros. Na perspectiva do futuro reside o verdadeiro caráter da humanidade; ela é ao mesmo tempo a fonte de todos os vícios humanos. Desvie-se a fonte e não mais haverá vício algum; e Rousseau efetivamente a desvia através do seu estado de natureza.

Mas é ao mesmo tempo verdade que o homem — tão certo quanto é um homem e não um animal — não está destinado a permanecer nesse estado. Através deste, certamente o vício é suprimido, mas com ele também a virtude e sobretudo a razão. O homem torna-se um animal desprovido de razão. Há uma nova espécie animal; e assim não há mais homens.

Sem dúvida, Rousseau agiu honestamente com os homens e ansiava ele mesmo por viver nesse estado de natureza que apregoava com tão grande fervor aos outros — e este anseio certamente se mostra em todos os seus proferimentos. Poderíamos propor-lhe a questão: o que Rousseau propriamente buscava neste estado de natureza? — Ele mesmo se sentia oprimido e limitado por múltiplos carecimentos, e — o que para o homem comum certamente é um mal menor, mas para um homem como ele oprimia da maneira mais amarga — fora muitas vezes desviado por estes mesmos carecimentos do caminho da integridade e da virtude. Se vivesse no estado de natureza, ele pensava, não teria todos estes carecimentos e tantas dores por não satisfazê-los, além de que seria poupado de dores ainda mais amargas por satisfazê-los

QUINTA PRELEÇÃO

pela desonra. Ele teria permanecido em paz *diante de si mesmo*. Ele se achava em toda parte oprimido pelos outros, pois impedia a satisfação dos carecimentos deles. A humanidade não é má por nada e em vão, acreditava Rousseau, e nós com ele: nenhum de todos os que o ofenderam o teriam ofendido se ele não tivesse sentido aqueles carecimentos. Se todos à sua volta tivessem vivido no estado de natureza, ele teria permanecido em paz *diante dos outros*. Queria então Rousseau uma imperturbada paz interior e exterior? Certamente! Mas perguntemos-lhe então em que ele queria empregar esta imperturbada paz? Sem dúvida, naquilo em que efetivamente empregou aquela que ainda assim lhe coube em sorte: em refletir sobre a sua destinação e os seus deveres, para assim enobrecer a si mesmo e aos seus irmãos? Mas como teria conseguido isto naquele estado de animalidade que admitiu? Como o teria feito sem a formação (*Ausbildung*) anterior que pôde receber apenas no estado de cultura? Assim, inadvertidamente, ele transpunha a si mesmo e a sociedade inteira ao estado natural [65] *junto com toda a formação* (Ausbildung) *que ela pôde receber apenas através da saída do estado de natureza*. Ele admitia inadvertidamente que ela já devia ter saído deste estado e percorrido todo o caminho da formação (*Bildung*); e que, no entanto, não devia ter saído nem sido formada (*ausgebildet*). E assim chegamos inadvertidamente à falaciosa conclusão de Rousseau e podemos agora resolver o seu paradoxo inteiramente e com um leve esforço.

Rousseau queria reintegrar o homem ao estado de natureza, não em vista da formação (*Ausbildung*) espiritual, e sim apenas em vista da independência dos carecimentos da sensibilidade. Quanto mais o homem se aproxima de sua meta suprema, é sem dúvida verdade

O DESTINO DO ERUDITO

que tem de tornar-se cada vez mais fácil para ele satisfazer os seus carecimentos sensíveis; que tem de ter cada vez menos penas e preocupações para prosseguir a sua vida no mundo; que a fecundidade do solo aumentará, o clima tornar-se-á cada vez mais suave, que será feita uma quantidade inumerável de novas descobertas e invenções para diversificar e facilitar a subsistência; que, além disso, assim como a razão ampliará seu domínio, o homem terá cada vez menos carecimentos — não como no rude estado de natureza, pois não conhece a sua amenidade, e sim porque pode dispensá-la; ele estará sempre pronto a fruir com gosto do que é melhor, se pode tê-lo sem violar seus deveres, e a dispensar tudo o que não pode ter com honra. Se tal estado é pensado como ideal — em vista de que é inalcançável, como todo o ideal —, então ele é a idade de ouro da fruição dos sentidos sem trabalho corporal, que os antigos poetas descrevem. Assim, encontra-se *diante* de nós o qué Rousseau, sob o nome de estado de natureza, e aqueles poetas, sob a denominação de idade de ouro, colocam *atrás* de nós. (Lembre-se de passagem que é um fenômeno em geral frequente, particularmente nos tempos antigos, que o que devemos nos *tornar* seja pintado como algo que já *fomos*, e que o que temos a alcançar seja representado como algo perdido — um fenômeno que tem um bom fundamento na natureza humana e que um dia, numa ocasião adequada, explicarei a partir dela.)

Rousseau esquece que a humanidade pode se aproximar e deve se aproximar desse estado apenas mediante cuidado, esforço e trabalho. A natureza é rude e selvagem sem a mão do homem, e devia ser assim para que o homem fosse obrigado a sair do inativo estado de natureza e elaborá-la, a fim de que ele mesmo se tornasse,

QUINTA PRELEÇÃO

de um simples produto da natureza, num ser racional livre. [66] Ele certamente sai daquele estado. Colhe a todo risco a maçã do conhecimento, porque nele está indelevelmente implantado o impulso para ser igual a Deus.[3] O primeiro passo para fora deste estado o leva à miséria e à fadiga. Seus carecimentos são desenvolvidos e exigem crucialmente a sua satisfação; mas o homem é por natureza preguiçoso e indolente, à maneira da matéria da qual proveio. Surge então a dura luta entre o carecimento e a indolência. O primeiro vence, mas a última lamenta-se amargamente. Então ele lavra o campo com o suor do seu rosto, e se irrita porque dele também brotam espinhos e cardos que deve arrancar.[4] O carecimento não é a fonte do vício; ele é incitação à atividade e à virtude. A preguiça é a fonte de todos os vícios. *Gozar sempre o mais possível, agir sempre o menos possível* — esta é a tarefa da natureza corrompida; e as múltiplas tentativas feitas para realizá-la são os vícios desta natureza. Não há salvação para o homem antes que tenha combatido com felicidade esta indolência natural e encontre na atividade, e unicamente na atividade, as suas alegrias e todo o seu gozo. Para isso existe a dor, que está ligada ao sentimento do carecimento. Ela deve nos estimular para a atividade.

Este é o propósito de toda a dor; este é particularmente o propósito daquela dor que nos sobrevém naquele panorama da imperfeição, da corrupção e da miséria dos nossos próximos. Quem não sente esta dor e aquela amarga indignação é um homem vulgar. Quem a sente deve procurar livrar-se dela aplicando todas as suas forças para melhorar, tanto quanto possa, o que se

---

3. Gênesis 2.16–17 e 3.4–6.
4. Gênesis 3.18–9.

O DESTINO DO ERUDITO

encontra em sua esfera e ao seu redor. E caso o seu trabalho não frutifique em nada e não veja nenhuma utilidade nele, ainda assim o sentimento de sua atividade, a visão de sua própria força, que ele mobiliza na luta contra a corrupção geral, o faz esquecer aquela dor. Nisto Rousseau falhou. Ele tinha energia, porém mais a energia do sofrimento que a da atividade. Ele sentia fortemente a miséria dos homens, mas sentia muito menos a sua própria força para remediá-la. E assim como ele *se* sentia, assim ajuizou os *outros*. Para ele, a humanidade inteira se comportava em face do seu sofrimento comum assim como ele em face do seu sofrimento particular. Ele tinha em conta o sofrimento; mas não tinha em conta a força que o gênero humano possui em si para se socorrer.

Paz às suas cinzas e bênção à sua memória! Ele agiu. Ele deitou fogo em muitas almas que levaram adiante o que ele iniciou. Mas [67] ele agiu quase sem ser autoconsciente da sua auto-atividade. Ele agiu sem chamar os outros à ação, sem computar a ação destes contra a soma do mal e da corrupção comuns. Esta falta de esforço para a auto-atividade domina todo o seu sistema de ideias. Ele é o homem da sensibilidade passiva sem ser, ao mesmo tempo, o da própria resistência ativa contra a sua impressão. Seus amantes extraviados pela paixão tornam-se virtuosos; mas eles simplesmente o *tornam* sem que vejamos bem *como*.[5] A luta da razão contra a paixão, a vitória paulatina, lenta, alcançada com esforço, pena e trabalho — a coisa mais interessante e mais instrutiva que poderíamos ver — isto ele oculta aos nos-

---

5. Julie e Saint-Preux, personagens centrais do romance de Rousseau *A nova Heloisa* (1761), muito popular à época.

QUINTA PRELEÇÃO

sos olhos. Seu discípulo[6] se desenvolve por si mesmo. Seu mestre não faz mais que afastar os obstáculos da sua formação (*Bildung*), deixando, de resto, a natureza benevolente reinar. Esta terá de mantê-lo sem cessar sob a sua tutela. Pois o mestre não lhe infundiu a energia, o fogo, a firme decisão de guerrear contra ela e subjugá-la. O discípulo será bom entre homens bons; mas entre os maus — e onde os maus não são a maioria? — sofrerá indizivelmente. Assim, Rousseau geralmente pinta a razão *em repouso*, mas não *em luta*; ele *enfraquece a sensibilidade* em vez de *fortalecer a razão*.

Empreendi a presente investigação para resolver aquele mal-afamado paradoxo que se opõe diretamente à nossa proposição fundamental; mas não unicamente por isso. Quis ao mesmo tempo mostrar, pelo exemplo de um dos maiores homens do nosso século, como os senhores não deveriam ser; quis desenvolver, a partir do seu exemplo, uma doutrina importante para toda a vida dos senhores. Os senhores se instruem agora, através de investigações filosóficas, sobre como devem ser os homens com os quais ainda não estão numa relação muito próxima, estreita, inseparável. Os senhores entrarão nessa relação mais próxima com eles e os acharão totalmente diferentes do que quer a doutrina dos costumes dos senhores. Quanto mais nobres e melhores forem os senhores, tanto mais dolorosas serão as experiências que os esperam; mas não se deixem vencer por esta dor, e sim vençam-na com feitos. Ela está incluída, está computada no plano para a melhoria do gênero humano. Deter-se e lamentar a corrupção dos homens sem mover uma mão para diminuí-la é efeminação. Repreender e escarnecer

---

6. Emílio, do romance de Rousseau *Emílio ou da educação* (1762).

O DESTINO DO ERUDITO

amargamente sem dizer aos homens como eles devem se tornar melhores não é amável. Agir! Agir! É para isto que estamos aqui. Deveríamos nos irritar porque outros não são tão perfeitos como nós, quando somos apenas mais perfeitos? Não é justamente essa nossa maior perfeição o chamado que nos é feito no sentido de que somos nós que temos de trabalhar para o aperfeiçoamento dos outros? [68] Alegremo-nos com o espetáculo do vasto campo que temos a elaborar! Alegremo-nos por sentir em nós a força e porque nossa tarefa é infinita!

Posfácio

Fichte e o ethos do erudito

Ricardo Barbosa

Conheço a categoria dos eruditos. Tenho
poucas novas descobertas a fazer aqui. Eu
mesmo não tenho o menor jeito para ser um
erudito de *métier*. Não quero
simplesmente pensar; quero *agir*: posso no
mínimo pensar sobre a barba do Kaiser. [...]
Tenho apenas uma paixão, apenas um
carecimento, apenas um pleno sentimento de
mim mesmo: o de atuar ao meu redor. Quanto
mais ajo, mais feliz pareço a mim mesmo.

Carta de Fichte a Marie Johanne Rahn,
Zurique, 2 de março de 1790 (GA III/1, 71–2)

I

Algumas preleções sobre a destinação do erudito
(1794)[1] foi o primeiro escrito popular publicado por

---

1. Salvo indicação em contrário, as obras de Fichte são citadas aqui
e nas *notas* à tradução de acordo com as seguintes abreviaturas: GA
= *JG Fichte Gesamtausgabe der Bayerischen Akademie der Wissenschaften*. Ed. Reinhard Lauth, Erich Fuchs, Hans Gliwitzky e Peter
K Schneider. Stuttgart: Frommann-Holzboog, 1962–2012. Esta edição
é organizada em quatro séries, num total de 42 volumes: I *Obras* (10
vols.), II. *Escritos póstumos* (18 vols.), III. *Cartas* (8 vols.) e IV. *Cópias*

O DESTINO DO ERUDITO

Johann Gottlieb Fichte (1762–1814) como professor universitário. Ao lado de *Sobre o conceito da doutrina da ciência* (1794) e da *Fundação de toda a doutrina da ciência* (1794–95), sua obra filosoficamente mais importante, essas preleções são um marco na impressionante ascensão de um jovem plebeu às elites intelectuais e artísticas da provinciana Alemanha do final do século XVIII.

Recém-casado com uma sobrinha de Klopstock, Marie Johanne Rahn, e ainda sob o transe do *insight* de descoberta do princípio fundamental de sua "filosofia elementar", logo chamada de "doutrina da ciência" (*Wissenschaftslehre*), Fichte residia em Zurique quando, nos primeiros dias de 1794, embora já tendo sido sondado por Hufeland, foi ainda assim surpreendido por um convite oficial para assumir uma cátedra de filosofia na Universidade de Jena. Como o titular desta cátedra, Karl Leonhard Reinhold, decidira aceitar um posto na Universidade de Kiel, era preciso encontrar um sucessor à altura. Afinal, a cátedra vacante fora instituída em 1787 e confiada a Reinhold com o explícito propósito de ser um polo de difusão e desenvolvimento da filosofia kantiana. Fichte era um jovem de 31 anos quando foi apanhado por este chamado. Embora ainda não tivesse conseguido doutorar-se em teologia, pois a penúria material o obrigara a deixar a Universidade de Leipzig em 1784 para ganhar a vida como tutor itinerante, Fichte tornara-se conhecido do mundo letrado já em 1792, com o *Ensaio*

---

de cursos (6 vols.). À sigla GA seguem-se os números da série (em romanos), do volume correspondente (em arábicos) e da(s) página(s). SW = *Johann Gottlieb Fichtes sämmtliche Werke*. Ed. Immanuel Hermann Fichte. 11 vols. Berlim: Walter de Gruyter, 1971. Os oito primeiros volumes apareceram em 1845–46 e contêm obras publicadas por Fichte; os três seguintes (1835–35) reúnem escritos póstumos.

POSFÁCIO

de uma crítica de toda revelação, e logo seria identificado como o autor de dois polêmicos escritos políticos anonimamente lançados no ano seguinte, *Reivindicação da liberdade de pensamento aos príncipes europeus que a oprimiram até agora* e *Contribuições para a retificação do juízo do público sobre a Revolução Francesa,* além de recensões publicadas em 1793 no influente *Jornal literário universal* de Jena.

Apesar do temor que as convicções políticas de Fichte causavam nas autoridades mais conservadoras do Ducado da Saxônia-Weimar-Eisenach, ao qual Jena e sua Universidade estavam submetidas, a escolha do seu nome como sucessor de Reinhold parecia a mais acertada. Em última instância, Goethe foi o responsável por sua nomeação — assim como o fora pela de Schiller, em 1789, e o seria pela de Schelling, em 1798. Além disso, para o Duque Karl August, amigo pessoal de Goethe, o fundamental eram os méritos intelectuais dos professores, e não suas posições políticas e religiosas. Graças ao *feeling* de Goethe e à liberalidade do Duque, a Universidade de Jena encontrava-se no auge do seu prestígio. "Os estudantes vinham de longe e isto não era uma coisa irrelevante para os governos, pois os pequenos Estados da Turíngia, aos quais cabia manter a Universidade, não eram de modo algum ricos. Era da maior importância que um bom número dos estudantes que lá estavam trouxesse o dinheiro. Uma condição para que a forte frequentação da escola superior não desandasse era, naturalmente, que lá estavam bons professores e que a atividade científica era livre em todos os sentidos da palavra. Mas, por outro lado, havia um perigo justamente nesta liberdade. No estrangeiro pensava-se de modo muito menos liberal. Via-se na Universidade de Jena uma incubadeira de tendên-

O DESTINO DO ERUDITO

cias perigosas ao Estado. Por isto, tinha-se de esperar constantemente em Weimar que este ou aquele governo estrangeiro proibisse os seus súditos de frequentarem a escola superior de Jena. Que se era observado, era fácil perceber, e fazia-se um esforço para evitar um embate aberto. Assim, em 1793, o professor de jurisprudência Hufeland, que anunciara uma preleção sobre a Revolução Francesa, ouviu de Weimar que seria preferível não realizá-la. Mas, apesar de toda cautela, incidentes desagradáveis não se deixavam evitar totalmente, e assim estava-se bastante obrigado em Weimar a impedir toda possibilidade de uma elevação das tensões já existentes. E, no entanto, chamou-se Fichte, o democrata. Kuno Fischer certamente tem razão quando diz que uma tal audácia foi 'possível realmente apenas num país onde Karl August era duque e Goethe, ministro' (*Fichtes Leben, Werke und Lehre*, 3ª ed., p 158)."[2]

K Fischer alude às recordações do próprio Goethe,

---

2. F Medicus, *J G Fichte. Dreizehn Vorlesungen.* Berlim: Reuther 3 Reichard, 1905, p 66. — A frase completa de Kuno Fischer aqui citada é a seguinte: "Numa época em que Robespierre governava da França e Wöllner na Prússia, o chamado de Fichte para Jena foi uma grande audácia, possível realmente apenas num país onde Karl August era duque e Goethe, ministro." K Fischer, *Geschichte der neuern Philosophie. V Band. J G Fichte und seine Vorgänger.* Heidelberg: Carl Winter's Universitätsbuchhandlung, 1890, p 271. Responsável pela reação à *Aufklärung*, que se seguiu à morte de Frederico II, o ministro Johann C Wöllner, um teólogo conservador, baixou um duro edito sobre religião, instituiu a censura e controlou fortemente o ensino universitário. Foi o "inquisidor" de Kant no episódio da publicação de *A religião nos limites da simples razão* (1793). Enquanto em Königsberg Kant oferecia seus cursos de metafísica à base de obras chanceladas pelo Estado, como as de Baumgarten, em Jena ensinava-se a filosofia kantiana...

POSFÁCIO

que escreveu: "Depois da partida Reinhold, que com razão se mostrou como uma grande perda para a Academia, foi com audácia, sim, com ousadia que chamou-se para o seu lugar Fichte, que, em seus escritos, se manifestara com grandiosidade, mas talvez não de modo inteiramente conveniente, sobre os mais importantes assuntos relativos aos costumes e ao Estado. Ele era uma das mais dotadas personalidades que jamais se vira, e em suas convicções, consideradas no sentido mais alto, nada havia a objetar; mas como ele deveria caminhar no mesmo passo que o mundo, o qual ele considerava como sua criação e posse?"[3]

Ao aceitar o convite, Fichte ainda tentou negociar com Christian Gottlob Voigt, o curador da universidade, uma licença inicial de talvez até um ano. "Como fiz alguns progressos pensando por mim mesmo, convenci-me cada vez mais de que a filosofia, sob a direção da crítica e dos esforços críticos [...] aproximou-se muito de sua meta sublime, a de formar uma ciência segura, mas ainda não a atingiu; e um dos objetos principais de minha contínua investigação, à qual quis dedicar meu prezado ócio, era se seria preciso renunciar inteiramente a esse plano, ou o que deve ser feito para realizá-lo. Por um feliz acontecimento, bem antes do que podia esperar descobri o caminho que, a meu ver, tinha de levar a isso: eu o experimentei e posso crer com a mais alta probabilidade que ele é o correto. Caso não se me abrisse agora a via para atividade de outra espécie", ou seja, tornar-se professor em Jena, "teria dedicado alguns anos de minha vida total e exclusivamente a esse plano, que só pode ser bem realizado num

---

3. J W Goethe, *Tag- und Jahreshefte 1794*, in *Berliner Ausgabe*, vol. 16. Berlim: Aufbau, 1964, p 26.

O DESTINO DO ERUDITO

ócio livre de outras ocupações. Agora, já tendo lançado os olhos sobre tudo, posso estimar que ele estará inteiramente realizado até a Páscoa de 1795. Descontando-se a interrupção e talvez a total não realização justamente desse trabalho (por mais que seja apenas uma nova tentativa), um outro incômodo surgiria caso devesse começar o magistério já na Páscoa de 94. Um professor de filosofia tem de ter um sistema inteiramente sustentável ao menos para ele mesmo. No momento, não tenho nenhum que me satisfaça inteiramente. Não corresponderei às bondosas expectativas que devo àquela honrosa proposta."[4]

Fichte carecia deste tempo para preparar uma exposição consistente do seu novo sistema e mesmo para vencer um resto de insegurança, mas a pressão para que a cátedra fosse logo ocupada foi determinante e o seu pedido recusado. Mergulhado no trabalho, sua disposição era outra já no início de fevereiro. Ele escreve a Karl August Böttiger sobre o seu empenho em elaborar uma "filosofia científica que possa medir-se com a matemática" — e acrescenta: "Felizmente, desde a minha última carta[5] estou tão adiantado no trabalho que vejo o fim ao menos cintilar, e, assim, agora assumiria uma cátedra filosófica com mais confiança do que antes."[6] Este sentimento de autoconfiança foi fortalecido pelo convite que recebera de Lavater para realizar uma série de preleções.

---

4. Esboço de uma carta a Voigt, Zurique, 9 (?) de janeiro de 1794, "Vorwort", *GA* I/2, 98.

5. De 8 de janeiro de 1794, na qual Fichte ainda pleiteava uma licença de um ano. Cf. H Schulz, *Aus Fichtes Leben. Briefe und Mitteilungen zu einer künftigen Sammlung von Fichtes Briefwechsel.* Berlim: Reuther 6 Reichard, 1918, p 5–7.

6. *GA* I/2, 98.

POSFÁCIO

Elas ocorreram em Zurique, na residência do próprio Lavater, e foram destinadas a um grupo seleto de intelectuais interessados pela nova filosofia. Diariamente, de 24 de fevereiro a 26 de abril de 1794, Fichte apresentou seu sistema baseando-se num manuscrito que, a julgar pela carta a Lavater com o plano completo destas preleções, foi o material a partir do qual redigiu *Sobre o conceito da doutrina da ciência* e a *Fundação*.[7] Completamente entregue ao trabalho, no início de abril Fichte já comunicava a Böttiger seus planos para o próximo semestre: duas séries de preleções privadas — uma sobre filosofia teórica, a outra, que terminou adiada para o semestre seguinte, sobre filosofia prática geral ("*geral*, pois no meu sistema a filosofia prática se torna algo inteiramente diferente do que era até então") — e uma série de preleções públicas sob o título "Moral para eruditos".[8]

Fichte chegou em Jena na noite de 18 de maio de 1794. Ele completava 32 anos naquele dia. Às 18 horas da sexta-feira seguinte, 23 de maio, poucos dias depois da preleção de despedida e da partida de Reinhold para Kiel, Fichte subiu ao púlpito com a difícil tarefa de ao menos igualar-se ao seu antecessor, literalmente venerado pelos seus ouvintes. Diante de centenas de pessoas que lotavam o maior auditório da universidade — entre elas Schil-

---

7. O manuscrito de Fichte está perdido. Restam as anotações de Lavater. Cf. J G Fichte, *Züricher Vorlesungen über den Begriff der Wissenschaftslehre, Februar 1794*. Nachschrift Lavater. Beilage aus Jens Baggesens Nachlass: Exzerpt aus der Abschrift von Fichtes Züricher Vorlesungen. Neuwied: Ars Una, 1996, e *GA* IV/3, 1–48 e I/2, 79–89. Cf. tb. I Radrizzani, "La 'première' doctrine de la science de Fichte. Introduction et traduction", in *Archives de Philosophie*, 60–4, 1997, p 615–58.

8. Carta a Böttiger, 2 de abril de 1794, *GA* III/2, 92.

O DESTINO DO ERUDITO

ler e Wilhelm von Humboldt, seus amigos mais recentes, e o jovem estudante Friedrich Hölderlin —, ele proferiu a primeira da série de preleções públicas sobre a destinação do erudito. "Após ter tossido duas ou três vezes para limpar a voz, após ter assoado o nariz para se livrar do tabaco que inalara antes de subir à cátedra, ele falou, e quando falou, o sucesso de Reinhold estava desde então ultrapassado; o público, que o escutara num silêncio religioso, explode em aplausos frenéticos. Foi um triunfo sem precedentes."[9] Poucos dias depois, Fichte escreveria a sua mulher, ainda em Zurique, sobre o seu sucesso. O auditório não fora suficiente para acolher o público. O vestíbulo e o pátio ficaram lotados pelos que não conseguiram entrar, enquanto no interior a audiência mal conseguia se acomodar.[10] Àquela época, Jena tinha cerca de 8000 habitantes, dos quais 900 eram estudantes.[11] Como Reinhold, Fichte chegaria a ter em média 500 ouvintes em suas preleções; mas, segundo Friedrich K Forberg, Reinhold logo passou a estar para Fichte como João Batista para o Messias...[12]

A ideia de oferecer preleções públicas sobre a destinação do erudito ocorrera a Fichte não muito depois de aceito o chamado de Jena, como se lê em suas cartas a Böttiger de 4 de fevereiro e 2 de abril de 1794.[13] Fichte também tivera o cuidado de anunciá-las ao final do pe-

---

9. X Léon, *Fichte et son temps*, vol. 1. Paris: Armand Colin, 1954, p 273.

10. Carta de Fichte a Marie J Rahn, 26 de maio de 1794, cf. "Vorwort", *GA* I/3, 19.

11. Cf. J.-L Vieillard-Baron, "Introduction historique", in J G Fichte, *Conférences sur la destination du savant*. Paris: Vrin, 1980, p 15.

12. X Léon, *Fichte et son temps*, vol. 1, p 282.

13. *GA* I/3, 11.

POSFÁCIO

queno livro que Böttiger o convencera a preparar especialmente para atrair os seus futuros ouvintes: *Sobre o conceito da doutrina da ciência ou da assim chamada filosofia, como escrito-convite para suas preleções sobre essa ciência*, hoje sempre lembrado como o escrito-programa da doutrina da ciência.[14] Oportunamente lançado no início de maio, na *Jubilatemesse*, pouco antes do começo do semestre de verão e da chegada de Fichte em Jena, seu último parágrafo traz o anúncio e a justificativa das preleções públicas sobre a destinação do erudito. "Como sem dúvida é do conhecimento de todos vós, as ciências não foram descobertas para uma ociosa ocupação do espírito e para os carecimentos de um luxo mais refinado. Pois então o erudito pertenceria justamente à classe à qual pertencem todos os instrumentos vivos deste luxo, que não é nada mais que luxo, e mesmo nesta classe poderiam lhe negar o posto mais alto. Toda a nossa pesquisa deve dirigir-se ao fim supremo da humanidade, ao enobrecimento da espécie de que somos membros, e os discípulos da ciência têm de difundir ao seu redor, como a partir de um centro, a humanidade no sentido supremo da palavra. Todo acréscimo que a ciência recebe aumenta os deveres dos seus servidores. Torna-se pois sempre mais necessário considerar muito seriamente as seguintes questões: qual é a destinação própria do erudito, em qual posição ele está colocado na ordem das coisas, em quais relações estão os eruditos entre si mesmos, com os demais homens em geral e particularmente com as suas categorias (*Stände*) específicas, como e por quais meios podem eles

---

14. Böttiger também sugeriu a Fichte que preparasse um compêndio sistemático, o que resultou na *Fundação de toda a doutrina da ciência*.

O DESTINO DO ERUDITO

cumprirem da maneira mais hábil com os deveres que lhes estão postos por estas relações, e como devem se formar para esta habilidade? São estas as perguntas que procurarei responder nas preleções públicas que anunciei sob o título *Moral para eruditos*. Não esperai destas conversas uma ciência sistemática; ao erudito falta com mais frequência o agir que o saber. Permiti antes que nestas horas, como uma sociedade de amigos unida por mais que um único laço, nos despertemos para o alto e ardente sentimento dos deveres que temos em comum."[15]

À primeira vista, tudo se passa como se Fichte tivesse optado por atuar em duas frentes, separando suas preleções públicas do ensino científico, concentrado em suas preleções privadas, regularmente oferecidas das 6 às 7 da manhã para uma audiência bem menor: a dos estudantes matriculados, que pagavam pelos cursos. "Meus discursos morais" — assim Fichte se referia às suas preleções públicas — "não são de modo algum científicos nem visam à instrução propriamente, e sim *à formação* (Bildung) *do coração para a virtude*."[16] Isto, porém, não significa que tais discursos fossem desprovidos de fundamentação filosófica. Com habilidade, Fichte combinava em sua fala uma *exortação à ação*, ao amplo engajamento do intelectual na sociedade e argumentos capazes de servir de propedêutica à doutrina da ciência, tida por ele como "o primeiro sistema da liberdade".[17] O traço mais mar-

---

15. J G Fichte, *Über den Begriff der Wissenschaftslehre oder der sogenannten Philosophie*. Stuttgart: Reclam, 1991, p 76 (A 67–8).

16. "Des Prof. Fichte Verantwortung, welche dem Bericht des Senatus academici ad Serenissimum reg. Beygelegt worden ist", *GA* I/4, 392.

17. "Meu sistema é o primeiro sistema da liberdade. Assim como aquela nação [a França] arrancou o homem dos grilhões exteriores,

POSFÁCIO

cante de sua filosofia consiste precisamente em que a liberdade não é apenas a sua questão principal, mas o espírito que a impregna como a condição mesma para a sua compreensão. "Ela pressupõe a faculdade da liberdade da intuição interna", dizia Fichte no prefácio à *Fundação*: "A doutrina da ciência não se deve em geral *impor*, mas sim, ser uma *carência*, como o foi para seu autor."[18] As preleções sobre a destinação do erudito foram oferecidas também como uma tentativa de *despertar* esta carência e a reflexão sobre o seu significado. Elas são uma viva expressão do *espírito* da doutrina da ciência, pois, em se tratando do *Gelehrte* — o homem erudito, douto, estudioso, instruído, cultivado —, a formação do coração para a virtude nada tem a ver com discussões sobre a barba do Kaiser: ela significa, antes de tudo, a formação para o *interesse prático* pela busca da verdade. "Agir! Agir! É para isto que estamos aqui", exortava Fichte.[19]

---

meu sistema o arranca das cadeias da coisa em si, dos influxos exteriores que o prendiam mais ou menos em todos os sistemas até agora, mesmo no kantiano, e o coloca em sua primeira proposição fundamental como um ser independente. Através da luta interior comigo mesmo, com todos os preconceitos enraizados, ele surgiu nos anos em que ela [a França] lutava pela liberdade política com forças exteriores, e não sem o seu concurso. Foi o seu *valeur* que elevou ainda mais minha disposição e desenvolveu em mim aquela energia necessária para concebê-lo." Esboço de uma carta (provavelmente a Jens Baggesen) de abril-maio de 1795. *GA* III/2, 298. Como se lê na sequência, Fichte chegou a sonhar em receber da França uma pensão pelo seu feito.

18. J G Fichte, *Fundação de toda a doutrina da ciência*. Trad. Rubens Rodrigues Torres Filho, in *Fichte*, Col. Os Pensadores. São Paulo: Abril, 1980, p 40–1 (*SW* 1, 88–9).

19. Idem, *Vorlesungen über die Bestimmung des Gelehrten*, *GA* I/3, 67.

II

Ao sucesso inicial de Fichte seguiu-se, porém, uma onda de difamação. Mal passado um mês do começo de suas preleções, os conselheiros da corte Christoph Heinrich Krüger e Georg Wilhelm Vogel, que também era o prefeito de Jena, fizeram chegar à vizinha Weimar — particularmente ao conhecimento do Duque Karl August e das principais autoridades do Ducado — o rumor de que Fichte seria "um jacobino perverso", pois, em suas preleções públicas, teria sentenciado que "em dez a vinte anos não mais haverá reis ou príncipes".[20] Naturalmente, tudo isso fazia perfeito sentido aos ouvidos dos "defensores do trono e do altar": para eles, Fichte representava "o espírito da Revolução Francesa, do pensamento livre e da moral laica"[21] — o que, aliás, não deixava de ser verdade. E se ser "jacobino", de acordo com uma acepção bastante elástica do termo, vigente à época, significava reconhecer a soberania da vontade popular, então Fichte era um "jacobino" ou, como também se dizia, um "democrata".[22] Isto porém não significava de modo algum que ele quisesse pousar como um *sans-coulotte* do suprassensível.

Indignado com o que corria a seu respeito, Fichte escreveu uma longa e veemente carta a Goethe. Disposto a ir a Weimer para que *lhe* dissessem diretamente o que haviam dito *sobre* ele, Fichte recordava que não falara sobre política nem fora chamado para isto; que certamente

---

20. Carta de Christian Gottlob Voigt a Goethe, de 15 de junho de 1794, *GA* I/3, 13.

21. X Léon, *Fichte et son temps*, vol. 1, p 299.

22. Cf. N Merker, "Introduzione", in J G Fichte, *La missione del dotto.* Trad. Marco Marroni. Pordenone: Edizioni Studio Tesi, 1991, p XIII-XIV.

POSFÁCIO

ainda falaria sobre o direito natural, mas somente quando chegasse a hora de tratá-lo em seus cursos, o que não aconteceria naquele ano. Seja como fosse, ele advertia que, como agira e viria a agir conforme as mesmas regras, não modificaria em nada a sua conduta, tanto naquele quanto no próximo semestre, pois não tinha uma moral especial para o verão e outra para o inverno — e que esconder-se para melhor praticar o bem era "moral de jesuítas"...[23]

Para ajudar a por um fim neste episódio grotesco, Fichte também comunicou a Goethe uma decisão acerca do manuscrito do curso onde supostamente teria anunciado a extinção de todos os príncipes e reis: "As *4 preleções publicamente apresentadas até agora*, nas quais devo ter dito aquelas loucuras, e que tenho redigido *deliberadamente* palavra por palavra e lido palavra por palavra, serão o quanto antes, sem alterações, *impressas palavra por palavra*".[24] Fichte também desejava obter a permissão do Duque Karl August para lhe dedicar esta publicação. Afinal, não fora o Duque quem, a despeito de todas as resistências, chancelara o seu chamado para a universidade, demonstrando a mesma liberalidade que Fichte sentira ao conhecê-lo pessoalmente? Com esta dedicatória, Fichte esperava poder mostrar ao público que era capaz de venerar um "grande homem", mesmo sendo este um príncipe; e acreditava que ele sentir-se-ia honrado com este gesto, não porque fosse um príncipe, e sim um homem. Insistindo novamente em que não modificaria em nada suas preleções, dizia que elas teriam de ser publicamente proibidas, caso não fossem aprovadas. *"Devo dizer e direi*

---

23. Carta de Fichte a Goethe, Jena, 24 de junho de 1794, GA I/3, 14.
24. Ibid.

O DESTINO DO ERUDITO

o que, segundo minhas melhores investigações, *considero* verdadeiro. Posso errar, e digo diariamente aos meus ouvintes que posso errar, mas posso ceder apenas a *fundamentos racionais*. (Pelo menos até agora ninguém deu sequer a *impressão* de que *poderia* refutar, *a partir de princípios*, o que consideram como os meus erros.) Direi isto *no seu lugar* e *a seu tempo*, ou seja, quando for a sua vez na ciência que ensino. A seu tempo, também tratarei em minhas preleções do *respeito pela ordem estabelecida* etc.; e estes deveres não serão inculcados com menor ênfase."[25]

Na expectativa de que sob tais "condições" poderia obter "*a palavra*" do Duque de que teria "proteção e paz em Jena", pelo menos enquanto o velho Rahn, seu sogro, vivesse, Fichte ainda observava: "Não dei nenhum passo para receber o convite que recebi. Conheciam-me quando me chamaram; sabia-se quais escritos me atribuiriam; sabia-se qual opinião o público formara a meu respeito [...]"[26] — uma clara alusão à repercussão dos seus dois escritos, anonimamente publicados, em defesa da liberdade de pensamento e da Revolução Francesa. Caso *não* recebesse o apoio a que julgava ter direito, estava decidido: retornaria à Suíça e à sua vida privada já ao final do semestre.

Tudo se resolveu dias depois, em Weimar, na casa de Goethe. Fichte regressou a Jena ainda firme no propósito de publicar suas preleções — e não mais as quatro primeiras, pois, talvez por sugestão de Goethe, decidira acrescentar ao livro a quinta preleção, sobre Rousseau. Como prometera, enviou o manuscrito a Goethe, que o

---

25. Ibid., p 15.
26. Ibid.

POSFÁCIO

leu com interesse e o aprovou. E assim, a 29 de setembro de 1794, bem à época da feira do livro de São Miguel, o editor Christian Ernst Gabler, estabelecido em Jena e Leipzig, fez chegar às livrarias um volume em formato pequeno, com 124 páginas, além de oito não numeradas (mas sem nenhuma dedicatória...), intitulado *Einige Vorlesungen über die Bestimmung des Gelehrten*. Nas cartas a Kant e Schulz, acompanhando o envio de exemplares, Fichte qualifica as preleções impressas com o mesmo termo: "insignificantes"[27] — mas não para o mercado e as combalidas finanças do autor. Fichte recebeu 30 *Louis d'or* por este livro, quase o que ganhava por ano como professor (os mesmos 200 táleres pagos a Reinhold e Schiller, por exemplo). Seus honorários, já superiores aos que autores como Goethe e Schiller costumavam receber, seriam ainda maiores em suas publicações seguintes.[28]

Fichte seguiu com suas preleções públicas até o final do semestre. O ciclo completo foi provavelmente o seguinte:[29]

---

27. Ambas as cartas foram escritas no mesmo dia: 6 de outubro de 1794. Cf. *GA* III/2, 204 e 206.

28. Cf. carta de Fichte a sua mulher, de 1º de julho de 1794, *apud GA* I/3, 16; X Léon, *Fichte et son temps*, vol. 1, p 274; F Medicus, *J G Fichte. Dreizehn Vorlesungen*. Berlim: Reuther 29 Reichard, 1905, p 68.

29. Para uma tentativa de reconstrução da cronologia e do encadeamento temático das preleções dos dois semestres cf. R Lauth, "Einleitung", in J G Fichte, *Von den Pflichten der Gehlerten. Jenaer Vorlesungen 1795/95*. Ed. R Lauth, H Jacob e P K Schneider. Hamburgo: Felix Meiner, 1971, p XXVI-XXVIII. Cf. tb. D Breazeale, "Editor's Preface", in J G Fichte, *Early Philosophical Writings*. Ithaca e Londres: Cornell University Press, 1988, p 186–7 e F O Coves e M R Valera, "Cronología de las lecciones públicas del curso sobre 'Moral para

O DESTINO DO ERUDITO

1ª Preleção: Sobre a destinação do homem em si (23 de maio de 1794).

2ª Preleção: Sobre a destinação do homem na sociedade (30 de maio).

3ª Preleção: Sobre a diversidade das categorias na sociedade (6 de junho).

4ª Preleção: Sobre a destinação do erudito (13 de junho).

5ª Preleção: Exame das afirmações de Rousseau sobre a influência das artes e das ciências sobre o bem-estar da humanidade (20 de junho).

6ª Preleção (e 7ª?): falta(m). Segundo Lauth, o motivo central desenvolvido foi o seguinte: "O erudito tem de saber em que consiste a perfeição da espécie humana; tem de conhecer suas disposições e carecimentos. Mas para isto tem de estudar filosofia. — Combate e fim aos preconceitos que se opõem a um estudo substancial da filosofia."

7ª ou 8ª Preleção: falta. Ainda segundo Lauth, foi este o motivo central: "O preconceito segundo o qual é possível sair-se bem na vida efetiva mesmo sem as investigações profundas e sutis da filosofia deve ser enfraquecido pela demonstração de que é certamente possível cuidar dos assuntos triviais da vida sem filosofia, mas que as categorias superiores, que dão a direção à cultura, velam por ela e a promovem, carecem para isto do conhecimento filosófico".

8ª ou 9ª Preleção: Sobre espírito e corpo em geral.

9ª ou 10ª Preleção: Sobre a diferença de espírito e letra.

---

sabios' ", in J G Fichte, *Algunas lecciones sobre el destino del sabio*. Madrid: Istmo, 2002, p 25–7.

POSFÁCIO

10ª ou 11ª Preleção: Sobre a diferença de espírito e letra na filosofia.

11ª ou 12ª Preleção (e seguinte?): falta(m). Sobre a vivificação e a elevação do puro interesse pela verdade.

Preleção de encerramento: Exposição dos meios pelos quais se pode desenvolver e fortalecer em si o espírito.

A determinação do conteúdo das sessões intermediárias baseia-se especialmente nas indicações contidas no início da preleção "Sobre espírito e corpo em geral" e no início da primeira preleção do semestre seguinte, onde é feita uma recapitulação dos tópicos abordados no semestre anterior.[30] Os manuscritos das três preleções sobre "espírito" e "letra" foram tardiamente descobertos e publicados.[31] O material das preleções seguintes serviu de base para a redação do artigo "Sobre a vivificação e a elevação do puro interesse pela verdade", publicado em janeiro de 1795 no primeiro número da revista *Die Horen*, editada por Schiller, e de cujo conselho Fichte fazia parte, ao lado de Goethe e Wilhelm von Humboldt.[32] Já a preleção de encerramento foi publicada em 1797, à revelia do autor, no primeiro número da revista *Blätter aus dem Archiv der Toleranz und Intoleranz*.[33]

---

30. Esta recapituação é integralmente citada na presente tradução. Cf. nota 1, p 68–9.

31. J G Fichte, *Über den Unterschied des Geistes und des Buchstabens in der Philosophie*. Drei akademische Vorlesungen nach der Handschrift erstmalig herausgegebenen v. S Berger. Leipzig: F Meiner, 1924. — *GA* II/3, 315–42.

32. Cf. "Ueber Belebung und Erhöhung des reinen Interesse für Wahrheit", *GA* I/3, 83–90.

33. Cf. "Die am Ende des Winters [Sommers] 1794. von Fichten gehaltene Schlußvorlesung als Beylage der Verantwortung", *GA* I/4, 407–20.

III

Nascido de uma urgência inesperada — e a contragosto de seu autor, que desejara publicar o ciclo completo de suas preleções, como declara no prefácio, e não apenas *algumas* —, este livrinho estaria destinado a ser talvez o mais popular dos escritos populares de Fichte. Nele o leitor encontrará esclarecimentos úteis e importantes sobre a doutrina da ciência. Este é o caso — para citar apenas um exemplo, mas significativo — da dedução da intersubjetividade esboçada na segunda preleção, "Sobre a destinação do homem na sociedade". O que, à primeira vista, pode parecer um prolongamento do que Kant considerara como um "escândalo" na filosofia, consiste na posição de um problema crítico, em todos os sentidos. Afinal, quando Fichte pergunta sobre como o homem pode admitir e reconhecer a existência de seres racionais como ele, na verdade pergunta pelos limites da comunidade moral como os limites mesmos do âmbito da validade do princípio de universalização de máximas: o imperativo categórico. Perguntamos, como que lançando um olhar ao nosso redor, pela possibilidade de um assentimento geral a uma dada máxima; mas "até que ponto sigo perguntando", escreveu Fichte a Reinhold, "e onde paro de perguntar, onde está o limite? Até o limites dos seres racionais, responderia Kant. Em contrapartida, digo: Isto eu ouvi muito bem; mas onde está o limite dos seres racionais? Os objetos das minhas ações são sempre fenômenos no mundo sensível; pois bem, a quais destes fenômenos transfiro o conceito de racionalidade e a quais não? Isto é algo que você mesmo sabe muito bem, Kant teria de responder; e assim como é correta, esta resposta é nada

POSFÁCIO

menos que filosófica", mas não para Fichte: "Monto sobre um cavalo sem lhe pedir permissão e sem querer, em contrapartida, ser montado por ele; mas por que sou mais escrupuloso com o alugador de cavalos? Que o pobre animal não possa se defender é algo que em nada pode contribuir para a questão. E assim uma pergunta muito delicada sempre permanece: se, apoiado na opinião geral, não monto sobre o cavalo com precisamente a mesma injustiça com a qual o nobre russo, igualmente apoiado na opinião geral, dá de presente, vende ou açoita por diversão os seus servos."[34] Como Kant sequer formulara esta questão, pensava Fichte, os princípios supremos da moralidade permaneciam indeterminados.

Kant perguntou pelas condições de possibilidade da experiência. Com a dedução da intersubjetividade, Fichte oferecia uma resposta à pergunta sobre como a *sociedade* é possível. "Chamo sociedade à relação dos seres racionais uns com os outros. O conceito da sociedade não é possível sem o pressuposto de que há efetivamente seres racionais fora de nós e sem as notas características pelas quais podemos distingui-los de todos os outros seres que não são racionais e que, portanto, não pertencem à sociedade. Como chegamos àquele pressuposto e quais são essas notas?"[35] Esta é a questão da dedução, certamente formulada com cautela nas preleções, pois a intenção de Fichte não era criticar ou polemizar abertamente com Kant, e sim, mediante a indicação do lugar sistemático de uma questão até então pendente no idealismo transcendental, oferecer-lhe uma resposta sufici-

---

34. Carta a Reinhold, Oßmannstädt, 29 de agosto de 1795, *GA* III/2, 385–6.

35. J G Fichte, *Vorlesungen über die Bestimmung des Gelehrten*, *GA* I/3, 34.

O DESTINO DO ERUDITO

ente para a fundamentação da destinação do homem na sociedade, tema da segunda preleção.[36]

O leitor também encontrará nestas páginas algo que coloca o pensamento e a ação de Fichte sob uma constelação bem mais ampla. O maior legado do idealismo alemão não se limita às grandes obras individuais que conhecemos, o que já não seria pouco. Este legado foi uma obra coletiva — uma instituição: a *universidade moderna*.[37] Se o seu marco histórico foi a fundação da Universidade de Berlim, em 1810, com Wilhelm von Humboldt à frente do projeto, secundado por Fichte[38] e Schleiermacher,[39] seu laboratório foi em boa medida a Universidade de Jena e sua Faculdade de Filosofia na última década do século XVIII. Dentro e fora de suas salas, princípios como o da autonomia intelectual, da unidade de en-

---

36. Fichte logo voltaria ao problema da intersubjetividade — e de modo bem mais rigoroso — na primeira parte de sua *Fundação do direito natural segundo os princípios da doutrina da ciência* (1796 — a segunda parte foi publicada em 1797). Cf. tb. na presente tradução notas 1 e 2, p 32–4. O problema da intersubjetividade na doutrina da ciência foi amplamente tratado por I Radrizzani, *Vers la fondation de l'intersubjectivité chez* Fichte. Des Principes *à la Nova* methodo. Paris: Vrin, 1993.

37. A Anrich (org.). *Die Idee der deutschen Universität. Die fünf Grundschriften aus der Zeit ihrer Neubegründung durch klassischen Idealismus und romantischen Realismus.* Darmstadt: Wissenschaftliche Buchgesellschaft, 1959. L Ferry, J.-P Pesron, A Renaut (org.). *Philosophies de l'Université. L'idéalisme allemand et la question de l'Université. Textes de Schelling, Fichte, Schleiermacher, Humboldt, Hegel.* Paris: Payot, 1979.

38. J G Fichte, *Deducirter Plan einer zu Berlin zu errichtenden höheren Lehranstalt* (1807), sw 8.

39. F D Schleiermacher, *Gelegentliche Gedanken über Universitäten in deutschem Sinn* (1808), in idem, *Texte zur Pädagogik. Kommentiert Studienausgabe*, vol. 1. Ed. M Winkler e J Brachmann. Frankfurt am Main: Suhrkamp, 2000.

POSFÁCIO

sino e pesquisa, da mediação *filosófica* na apropriação e no desenvolvimento das ciências particulares, todos classicamente sintetizados por Humboldt,[40] foram espontaneamente reconhecidos. Nas preleções de Fichte ouvem-se os ecos de uma das primeiras vozes que direta ou indiretamente se manifestaram por aqueles princípios: a de Schiller em sua aula inaugural na Universidade de Jena, em 1789. Nela, Schiller atacava o que chamou de *Brotgelehrte*, o erudito que faz da ciência um ganha-pão e da universidade apenas uma escola profissionalizante, e defendia a formação, em todos os níveis, de "cabeças filosóficas".[41] Fichte recolhe e desenvolve esta herança. Isto se deixa ver especialmente na quarta preleção, quando ele se refere aos meios necessários à realização da destinação do erudito. Traços centrais do conceito do *Studium*, da *Bildung* universitária estão ali, e de tal maneira que retornam, acrescidos de outros e numa nova síntese, numa outra obra seminal para a formação da ideia da universidade moderna: as *Preleções sobre o método do estudo acadêmico* (1802), de Schelling,[42] também elas um fruto de Jena e, como os escritos de Schiller e Fichte, uma fonte fi-

---

40. W v. Humboldt, "Über die innere und äussere Organisation der höheren wissenschaftlichen Anstalten in Berlin", in W Weischedel, *Idee und Wirklichkeit einer Universität. Dokumente zur Geschichte der Friedrich-Wilhelms-Universität zu Berlin.* Gedenkschrift der Freien Universität Berlin zur 150. Wiederkehr des Gründungsjahres der Friedrich-Wilhelms-Universität zu Berlin. Berlim: Walter de Gruyter, 1960.

41. F Schiller, "Was heisst und mit welchem Ende studiert man Universalgeschichte? Eine akademische Antrittsrede", *in* F Schiller, *Schillers Werke. Nationalausgabe.* Bd. 17: *Historische Schriften: Erster Teil.* Edição de Karl-Heinz Hahn. Weimar: Hermann Böhlaus Nachfolger, 1970, p 360 ss.

42. F W J Schelling, *Vorlesungen über die Methode (Lehrart) des*

O DESTINO DO ERUDITO

losófica essencial para o projeto universitário conduzido por Wilhelm von Humboldt.[43]

A pergunta pela destinação do erudito se apresenta sob esta constelação. Sua resposta, porém, está calcada numa consideração antropológica. O homem é um ser desde sempre e para sempre inacabado, imperfeito. A perfeição é o traço distintivo do ser divino, mas não do ser humano. Como um ser racional e livre, mas sensível e finito, o homem não é imediatamente idêntico a si mesmo: sua identidade não está dada de antemão, e sim deve ser formada. O homem forma a si mesmo na medida em que transforma o seu entorno em proveito da satisfação dos seus carecimentos. Ele é tanto mais idêntico a si mesmo quanto mais submete todo o natural, todo o Não-eu, à determinação racional, ao Eu. Sua destinação última não é a perfeição, a plena identidade consigo mesmo, e sim *aproximar-se* sempre mais desta meta. Por isto sua tarefa — a tarefa de sua autoformação — é *infinita*. E como não é um ser isolado, sua destinação é o infinito aperfeiçoamento de suas disposições *naturais* mediante as relações *sociais*. Do infinito aperfeiçoamento mútuo, da contínua ação recíproca entre os seres racionais livres deve resultar o aperfeiçoamento da *espécie* como um todo. Seja qual for a categoria social ou a profissão de um indivíduo, se sua vida deve ter um sentido, este sentido só se consuma quando deixa de ser meramente individual. A escolha de uma categoria e de uma profissão deve estar sob esta determinação. "Nestas conferências" observou X Leon acerca das preleções

---

akademischen Studiums. Edição, introdução e notas de Walter E Ehrhardt. Hamburgo: Felix Meiner, 1990.

43. Cf. R Barbosa, *A formação pela ciência. Schelling e a ideia de universidade.* Rio de Janeiro: Eduerj, 2010.

POSFÁCIO

sobre o erudito, "Fichte expunha pela primeira vez uma ideia original e nova, uma ideia essencial à sua filosofia: a ideia de que a destinação humana, a realização ou, antes, o perseguir o reino da razão pura, o 'reino dos fins', como Kant o havia chamado, não é de ordem puramente individual, que ele só pode ser realizado na e pela sociedade, que o fim do indivíduo está em sua relação e em sua união com o gênero humano inteiro."[44]

A destinação do erudito é fixada justamente em vista desta meta, pois sua consecução requer antes de tudo as melhores pesquisas e os melhores conhecimentos delas obtidos, a começar pelo conhecimento das *disposições* e dos *carecimentos* humanos fundamentais e dos *meios* para satisfazê-los. Fichte distingue entre três tipos de conhecimentos. "O conhecimento do primeiro tipo funda-se em princípios puros da razão, e é *filosófico*; o do segundo, em parte na experiência, e é nesta medida *filosófico-histórico* (não simplesmente histórico; pois tenho de referir os fins, que se deixam conhecer apenas filosoficamente, aos objetos dados na experiência para poder ajuizar os últimos como meios para o alcance dos primeiros). — Este conhecimento deve tornar-se útil à sociedade; portanto, não se trata apenas de saber em geral que disposições o homem possui em si e por que meios em geral pode desenvolvê-las. Um tal conhecimento permaneceria ainda totalmente estéril. Ele ainda tem de avançar mais um passo para garantir efetivamente a utilidade desejada. Tem-se de saber em que nível determinado da cultura se encontra aquela sociedade de que se é membro num determinado momento, que grau determinado ela tem a galgar a partir deste e quais os meios de que ela

---

44. X Léon, *Fichte et son temps*, vol. 1, p 286.

O DESTINO DO ERUDITO

dispõe para isso. Ora, a partir de fundamentos racionais, sob o pressuposto de uma experiência em geral, antes de toda experiência determinada, pode-se sem dúvida calcular o curso do gênero humano; pode-se indicar aproximadamente os níveis específicos pelos quais ele tem de passar para, num grau determinado, chegar à cultura. Mas indicar o nível em que ele efetivamente se encontra num momento determinado é algo que não se pode fazer de modo algum a partir de simples fundamentos racionais. Para isso, tem-se de interrogar a experiência. Tem-se de investigar os acontecimentos do mundo passado — mas com um olhar apurado pela filosofia; tem-se de voltar os olhos ao redor e observar os seus contemporâneos. Esta última parte do conhecimento necessário à sociedade é, portanto, simplesmente *histórica*."[45]

A *erudição* (*Gelehrsamkeit*) consiste na articulação destes conhecimentos;[46] o *erudito*, naquele que sabe articulá-los em proveito do fim último da espécie humana. Em sua aula inaugural na Universidade de Jena, Schiller perguntou pela finalidade com a qual se estuda a história universal, formulando como resposta uma exigência que se estendia a *toda* a formação universitária. Com suas preleções, Fichte como que pergunta: com que fim se ingressa numa universidade? As universidades formam profissionalmente teólogos, médicos e juristas. Mas o que significa formá-los como eruditos? Eram estas as perguntas que moviam, semana após semana, os "discursos morais" de Fichte. A atitude metódica de todo *Studium*, de toda *Bildung* universitária deveria consistir

---

45. J G Fichte, *Vorlesungen über die Bestimmung des Gelehrten*, GA I/3, 53.

46. Ibid.

POSFÁCIO

na articulação daqueles conhecimentos, pois a destinação da universidade deve ser formar eruditos. "Ora, o fim de todos estes conhecimentos é o que foi indicado acima: cuidar, por meio deles, para que todas as disposições da humanidade se desenvolvam de modo uniforme, contínuo, mas progressivamente. Disto resulta a verdadeira destinação da categoria dos eruditos: a *suprema inspeção do progresso efetivo do gênero humano em geral e a contínua promoção desse progresso.*"[47] Enquanto assume a sua destinação, o erudito é "o *mestre (Lehrer)* da humanidade", "o *educador* da humanidade",[48] pois o progresso humano depende, antes de tudo e sob todos os aspectos, de conhecimentos adequados. Por isto, a categoria dos eruditos deve estar à frente das demais e o erudito como que à frente de todos os homens; pois se é para o enobrecimento humano que ele trabalha, então ele mesmo deve ser exemplar desta nobreza, deve ser "o homem *moralmente melhor* de sua época: deve apresentar em si o nível mais alto de formação *(Ausbildung)* moral possível até ele."[49] Daí Fichte afirmar, já logo no início de suas preleções, que a destinação do erudito é "a destinação do homem supremo e mais verdadeiro".[50]

IV

Fichte continuou a tratar da destinação do erudito no semestre seguinte, o do inverno de 1794–95, e retornou ao tema no *Sistema da doutrina dos costumes segundo os princípios da doutrina da ciência* (1798). Nesta obra, os

---

47. Ibid., 54.
48. Ibid., 56 e 57.
49. Ibid., 58.
50. Ibid., 28.

O DESTINO DO ERUDITO

problemas centrais da terceira preleção, "Sobre a diversidade das categorias na sociedade", e da quarta, "Sobre a destinação do erudito", são retomados num contexto bem mais amplo e sistemático.

Os deveres de cada categoria social são deveres particulares subordinados ao dever universal: "Promover o fim da razão é o único dever de todos. Este compreende em si todos os outros. Os deveres particulares são deveres unicamente na medida em que se referem à consecução daquele fim principal. Devo exercer o dever particular de minha categoria e de minha profissão não simplesmente porque devo, mas porque assim promovo em minha posição o fim da razão. Devo considerar o dever particular como meio para a realização do dever universal de todos os homens, de modo algum como fim; e faço o meu dever no cumprimento das incumbências particulares de minha categoria e de minha profissão única e somente na medida em que as cumpro *pelo dever em geral*. A proposição: cada um faz o seu dever pelo íntegro cumprimento das incumbências particulares de sua categoria — tem de ser entendida, portanto, com esta limitação: na medida em que sejam cumpridas unicamente a partir do dever e pelo dever."[51] — Aquele que age por *outros* motivos, "em verdade faz *o que* deve e age legalmente, mas não o faz *como* deve, não age *moralmente*. Portanto, se alguém em sua categoria cumpre efetivamente com o *seu dever*, sobre isto somente ele mesmo pode prestar contas perante a sua própria consciência."[52]

Quanto à *divisão* dos deveres particulares, "que tem

---

51. J G Fichte, *System der Sittenlehre nach den Principien der Wissenschaftslehre*, sw 4, 325–6.

52. Ibid., 326.

POSFÁCIO

de se fundar numa divisão das relações humanas particulares, que se chamam categorias, as relações dos homens são antes de tudo: ou bem *naturais*, aquelas que se apoiam numa disposição natural, ou bem *artificiais*, aquelas que se fundam numa determinação contingente e livre da vontade. Na linguagem da vida comum ouvimos com frequência ligarem *categoria* e *profissão* (*Beruf*). A primeira palavra indica manifestamente algo mais fixo e permanente que a segunda, na qual está contida também a nota da liberdade e de uma ação recíproca dos seres livres. Portanto — e sem que eu queira afirmar que o uso comum da linguagem o entenda assim, ou como se quisesse prescrever leis ao uso da linguagem — podemos chamar, unicamente para *esta nossa* investigação, o primeiro a *categoria* e o segundo a *profissão* do homem."[53]

Daquela distinção entre relações humanas naturais e artificiais resultam duas ordens de deveres: por um lado, aqueles que se fundam na disposição natural para a reprodução da espécie, e que são os deveres que envolvem a relação entre marido e mulher e a relação entre pais e filhos (§ 27); por outro lado, aqueles deveres relativos a uma profissão particular (§ 28), como Fichte explica: "À promoção do fim da razão pertencem muitas coisas. Aquela parte deste fim cuja promoção é assumida por um indivíduo de modo totalmente particular é a sua profissão. — Também foi recordado segundo que máxima cabe escolher esta profissão: não segundo a inclinação, e sim segundo o dever. O objeto peculiar do fim da razão é sempre a comunidade dos seres racionais. Ou bem se age

---

53. Ibid., 327.

O DESTINO DO ERUDITO

imediatamente sobre ela, ou bem se age sobre a natureza em vista daquela."[54]

Este é o fundamento da *divisão* das profissões. Enquanto as profissões *inferiores* (lavradores, artesãos etc.) têm uma ação indireta sobre a comunidade dos seres racionais, as *superiores* agem diretamente sobre esta e são ordenadas por Fichte como se segue:

"O elemento primeiro e supremo, ainda que não o mais nobre no homem, a matéria originária de toda a sua vida espiritual, é o conhecimento. Ele é conduzido por este em suas ações; e a melhor convicção (*Gesinnung*) conserva o seu valor interno, mas não conduz à realização do fim da razão se o conhecimento não é correto. Portanto, pode-se, antes de tudo, trabalhar sobre a comunidade humana para formar o seu discernimento (*Einsicht*) teórico. Esta é a profissão do *erudito*. Portanto, temos de falar antes de tudo dos deveres do erudito.

Mas o discernimento é e permanece apenas como um meio para o fim. Sem uma boa vontade ele não oferece nenhum valor interno; sem esta, ele serve mesmo muito pouco à comunidade dos seres racionais. Mas ele mesmo [...] não produz necessariamente a boa vontade.

Portanto, resta ainda a tarefa particular de trabalhar imediatamente no melhoramento da vontade da comunidade. Isto é feito pela igreja, que é ela mesma justamente a comunidade dos seres racionais, através dos seus servidores, os assim chamados eclesiásticos, os educadores morais do povo (*moralische Volkserzieher*), que é como deveriam ser mais corretamente chamados e o que deveriam ser. [...] Entre ambos — o erudito, a quem cabe formar o entendimento, e o educador do povo, a quem

---

54. Ibid., 343.

POSFÁCIO

cabe formar a vontade, encontra-se o artista (*der ästhetis-che Künstler*), que forma o sentido estético, o qual serve como laço de união para o entendimento e a vontade no homem. [...]

Se os homens devem estar em influência recíproca, é preciso antes de todas as coisas assegurar suas relações jurídicas. Esta é a condição de toda a sociedade. — A instituição pela qual isto acontece chama-se o *Estado*. Falaremos então dos deveres dos *funcionários do Estado*."[55]

Uma vez estabelecido o critério para a divisão das profissões e o seu ordenamento, Fichte dedica os parágrafos finais do *Sistema da doutrina dos costumes* à exposição dos deveres do erudito (§ 29), do educador moral do povo (§ 30), do artista (§ 31), do funcionário do Estado (§ 32) e das classes inferiores (§ 33). Eis o que se lê sobre o erudito:

§ 29. Dos deveres do erudito

Se se considera os homens sobre a terra como se deve considerá-los moralmente e como o que também devem vir a ser pouco a pouco na realidade, isto é, como uma única família, pode-se admitir que também existe apenas um único sistema de conhecimento desta família, o qual se estende e se aperfeiçoa de época em época. Como o indivíduo, assim também toda a espécie torna-se mais prudente (*klüger*) com os anos e se desenvolve pela experiência.

O conhecimento de cada época deve ascender a um nível mais alto, e é para levá-lo a um nível mais alto que existe precisamente a categoria dos eruditos.

Os eruditos são antes de tudo os depositários, como que o arquivo da cultura da época; e isto em verdade não como os não

---

55. Ibid., 344.

O DESTINO DO ERUDITO

eruditos, em relação aos meros resultados, que como tais se encontram certamente também entre estes, mas dispersos, e sim porque estão ao mesmo tempo em posse dos princípios. Eles sabem não apenas que algo é assim, mas também, ao mesmo tempo, como o homem pode chegar a este conhecimento e como este se articula com os seus demais conhecimentos. Isto é necessário porque eles devem levar adiante este conhecimento, ou seja, devem também, entre outras coisas, corrigir o conhecimento existente; mas o desvio deste em relação à verdade não pode ser discernido sem que se conheçam os princípios dos quais foi deduzido. — Disto decorre antes de tudo o seguinte: um erudito deve conhecer historicamente o curso da ciência até sua época e os princípios utilizados por esta.

Além disto, ele deve levar adiante este espírito da comunidade, ou bem pela correção, que é igualmente uma ampliação do conhecimento (quem é livrado de um erro aumenta seu saber), ou em parte por conclusões ulteriores extraídas do que se conhece até agora.

O erudito não investiga meramente para si, não corrige e inventa meramente para si, e sim para a comunidade, e somente assim sua investigação se torna em algo moral e ele em alguém que observa um dever, num servidor da comunidade em sua especialidade *(Fach)*. — Seu círculo de ação imediato é o público erudito; a partir deste, os resultados de suas investigações chegam pelo caminho conhecido a toda a comunidade.

Apenas é necessário recordar ainda expressamente que seu modo de pensar, em relação à sua forma, só pode ser chamado moral se ele se dedica às ciências realmente por amor ao dever, com a compreensão de que assim cumpre um dever em face da espécie humana. Aqui perguntamos apenas: *o que* ele deve fazer? Isto pode ser respondido a partir do que foi dito acima. Ele deve, em parte, conhecer o objeto da cultura de sua época e, em parte, levá-lo adiante. Ele tem de procurar sinceramente

POSFÁCIO

esta última coisa, pois somente assim adquire efetivamente um valor próprio. E se porventura não o pôde, tem de ter tido ao menos a firme vontade, o zelo e a aplicação para fazê-lo: então sua existência também não foi em vão. Ele ao menos manteve viva a ciência em sua época, e é um elo na cadeia, na transmissão da cultura. A vivificação do espírito da investigação também é um mérito verdadeiro e importante.

O rigoroso amor pela verdade é a virtude peculiar do erudito. Ele deve levar adiante o conhecimento da espécie humana, e não apenas jogar com ele. Como todo virtuoso, ele deve esquecer-se de si mesmo em seu fim. Para que deveria servir apresentar brilhantes paradoxos ou continuar a defender e afirmar erros que lhe teriam escapado? Unicamente para o apoio de seu egoísmo. A doutrina dos costumes desaprova totalmente isto, e a prudência teria igualmente de desaprová-lo: pois somente o que é verdadeiro e bom permanece na humanidade, e o falso, por muito que brilhe no início, se perde."[56]

No § 18, "Exposição sistemática das condições da egoidade em sua relação com o impulso para a autonomia absoluta", Fichte discorre longamente sobre o "público erudito" — apontado acima como o "círculo de ação imediato" do *Gelehrte* — em termos próximos aos de Kant em sua defesa do uso público da razão, sobretudo face à autoridade do Estado e da igreja. "O caráter distintivo do público erudito é a absoluta liberdade e independência (*Selbstständigkeit*) no pensar; o princípio de sua constituição é a proposição fundamental de não se submeter a absolutamente nenhuma autoridade, de apoiar-se em tudo sobre a própria reflexão e recusar pura e simplesmente tudo que não está confirmado por esta. [...] Na república dos eruditos tem-se de poder expor tudo de que

---

56. Ibid., 346–7.

O DESTINO DO ERUDITO

se acredita ter-se convencido exatamente como se permite ousar confessá-lo para si mesmo, em consequência do conceito de um público erudito."[57] Logo a seguir, Fichte observa: "As universidades são escolas de eruditos", reivindicando para elas a mesma liberdade de pensamento e de comunicação do pensamento. "A república dos eruditos é uma democracia absoluta ou, ainda mais precisamente, nela nada vale senão o direito do espiritualmente mais forte. Cada um faz o que pode, e tem razão se está com razão (*und hat Recht, wenn er Recht behält*). Aqui não há outro juiz senão o tempo e o progresso da cultura."[58]

O *Sistema das doutrinas dos costumes* foi o último livro de Fichte como professor em Jena e terminaria sendo também a última obra *científica* que ele publicaria em vida — uma sequela da infame acusação de "ateísmo", sofrida em 1799, que o forçaria a deixar a universidade. Mas, como em sua estreia em Jena, Fichte voltaria a tratar da destinação do erudito sempre ao início de suas atividades nas duas outras universidades nas quais ainda lecionaria. Foi assim que, no semestre de verão de 1805, Fichte ofereceu na Universidade de Erlangen um ciclo de dez preleções, publicado no ano seguinte: *Sobre a essência do erudito e suas manifestações no âmbito da liberdade.*[59] Não por acaso, tais preleções estavam associadas ao empenho de Fichte na reforma daquela universidade, para o que chegou a redigir um plano no qual certas práticas de Jena, como o *Konversatorium*, embrião do *Seminar*,

---

57. Ibid., 249 e 250.
58. Ibid., 251.
59. Idem, *Ueber das Wesen des Gelehrten und seine Erscheinungen im Gebiet der Freiheit* (1806), *sw* 6.

POSFÁCIO

são lembradas como imprescindíveis à formação acadê-mica.[60] Por fim, em 1811 Fichte apresentou um novo ci-clo de preleções na recém-fundada universidade de Ber-lim, da qual foi o primeiro reitor eleito: *Preleções sobre a destinação do erudito*, publicadas em 1812 na revista *Die Musen*.[61]

SOBRE A TRADUÇÃO

A presente tradução foi baseada na seguinte fonte:

J G Fichte, *Einige Vorlesungen über die Bestimmung des Gelehrten*, in *Gesamtausgabe der Bayerischen Akademie der Wissenschaften, I/3: Werke 1794–1796*. Edição de Reinhard Lauth e Hans Jacob, com a colaboração de Richard Schottky. Stuttgart-Bad Cannstatt: Frommann--Holzboog, 1966, p 25–68.

A paginação entre colchetes que acompanha a tradu-ção corresponde a esta edição.

Foram acrescentadas as quatro notas que Fichte re-digiu para uma edição dinamarquesa de suas preleções: *Den Lærdes Bestemmelse: Fem Forelæsninger af Johann Gottlieb Fichte*. Fordansket af J Collin, med nogle Tillæg af Forfatteren. Kjøbenhavn, 1796. Trykt eg fortlagt af N Christensen. Como o manuscrito original destas notas está perdido, elas foram traduzidas de volta ao alemão por Hans Schulz, a quem se deve a descoberta desta edi-ção dinamarquesa:

H Schulz, "Zusätze Fichtes zu seinen Vorlesungen

---

60. Idem, *Ideen für die innere Organisation der Universität Erlangen* (1805/6), SW 11. Cf. tb. idem, *Plan zu einem periodischen schriftstelle-rischen Werke an einer deutschen Universität* (1805), SW 8.

61. Idem, *Fünf Vorlesungen über die Bestimung des Gelehrten. Gehalten zu Berlin im Jahre 1811*, SW 11.

O DESTINO DO ERUDITO

über die Bestimmung des Gelehrten", in *Kant-Studien*, xxv, 2/3, 1920.

Outras edições utilizadas:

◁ J G Fichte, *Einige Vorlesungen über die Bestimmung des Gelehrten*. Jena e Leipzig: Christian Ernst Gabler, 1794.

◁ _____. *Einige Vorlesungen über die Bestimmung des Gelehrten*, in *Sämtiche Werke*. Edição de Immnuel Herman Fichte, vol. 6. Berlim: Walter de Gruyter, 1971.

◁ _____. *Von den Pflichten der Gehlerten. Jenaer Vorlesungen 1795/95*. Edição de Reinhard Lauth, Hans Jacob e Peter K Schneider. Hamburgo: Felix Meiner, 1971.

Foram consultadas as seguintes traduções:

◁ J G Fichte, *Conférences sur la destination du savant*. Tradução e introdução de Jean-Louis Vieillard-Baron. Paris: Vrin, 1980.

◁ _____. *Some Lectures concerning the Scholar's Vocation*, in J G Fichte, *Early Philosophical Writings*. Tradução e edição de Daniel Breazeale. Ithaca e Londres: Cornell University Press, 1988.

◁ _____. *Lições sobre a vocação do sábio seguido de Reivindicação da liberdade de pensamento*. Tradução e apresentação de Artur Morão. Lisboa : Edições 70, 1999.

◁ _____. *Algunas lecciones sobre el destino del sabio*. Introdução, tradução e notas de Faustino Oncina Coves e Manuel Ramos Valera. Epílogo de Wolfgang Janke. Edição bilíngue. Madrid: Istmo, 2002.

∿

POSFÁCIO

Este trabalho contou com o apoio de uma bolsa de produtividade em pesquisa do CNPq e do Prociência (Uerj).

COLEÇÃO HEDRA

1. *Iracema*, Alencar
2. *Don Juan*, Molière
3. *Contos indianos*, Mallarmé
4. *Auto da barca do Inferno*, Gil Vicente
5. *Poemas completos de Alberto Caeiro*, Pessoa
6. *Triunfos*, Petrarca
7. *A cidade e as serras*, Eça
8. *O retrato de Dorian Gray*, Wilde
9. *A história trágica do Doutor Fausto*, Marlowe
10. *Os sofrimentos do jovem Werther*, Goethe
11. *Dos novos sistemas na arte*, Maliévitch
12. *Mensagem*, Pessoa
13. *Metamorfoses*, Ovídio
14. *Micromegas e outros contos*, Voltaire
15. *O sobrinho de Rameau*, Diderot
16. *Carta sobre a tolerância*, Locke
17. *Discursos ímpios*, Sade
18. *O príncipe*, Maquiavel
19. *Dao De Jing*, Lao Zi
20. *O fim do ciúme e outros contos*, Proust
21. *Pequenos poemas em prosa*, Baudelaire
22. *Fé e saber*, Hegel
23. *Joana d'Arc*, Michelet
24. *Livro dos mandamentos: 248 preceitos positivos*, Maimônides
25. *O indivíduo, a sociedade e o Estado, e outros ensaios*, Emma Goldman
26. *Eu acuso!*, Zola | *O processo do capitão Dreyfus*, Rui Barbosa
27. *Apologia de Galileu*, Campanella
28. *Sobre verdade e mentira*, Nietzsche
29. *O princípio anarquista e outros ensaios*, Kropotkin
30. *Os sovietes traídos pelos bolcheviques*, Rocker
31. *Poemas*, Byron
32. *Sonetos*, Shakespeare
33. *A vida é sonho*, Calderón
34. *Escritos revolucionários*, Malatesta
35. *Sagas*, Strindberg
36. *O mundo ou tratado da luz*, Descartes
37. *O Ateneu*, Raul Pompeia
38. *Fábula de Polifemo e Galateia e outros poemas*, Góngora
39. *A vênus das peles*, Sacher-Masoch
40. *Escritos sobre arte*, Baudelaire
41. *Cântico dos cânticos*, [Salomão]
42. *Americanismo e fordismo*, Gramsci
43. *O princípio do Estado e outros ensaios*, Bakunin
44. *O gato preto e outros contos*, Poe
45. *História da província Santa Cruz*, Gandavo
46. *Balada dos enforcados e outros poemas*, Villon
47. *Sátiras, fábulas, aforismos e profecias*, Da Vinci
48. *O cego e outros contos*, D.H. Lawrence
49. *Rashômon e outros contos*, Akutagawa
50. *História da anarquia (vol. 1)*, Max Nettlau
51. *Imitação de Cristo*, Tomás de Kempis
52. *O casamento do Céu e do Inferno*, Blake
53. *Cartas a favor da escravidão*, Alencar
54. *Utopia Brasil*, Darcy Ribeiro

55. *Flossie, a Vênus de quinze anos*, [Swinburne]
56. *Teleny, ou o reverso da medalha*, [Wilde et al.]
57. *A filosofia na era trágica dos gregos*, Nietzsche
58. *No coração das trevas*, Conrad
59. *Viagem sentimental*, Sterne
60. *Arcana Cœlestia e Apocalipsis revelata*, Swedenborg
61. *Saga dos Volsungos*, Anônimo do séc. XIII
62. *Um anarquista e outros contos*, Conrad
63. *A monadologia e outros textos*, Leibniz
64. *Cultura estética e liberdade*, Schiller
65. *A pele do lobo e outras peças*, Artur Azevedo
66. *Poesia basca: das origens à Guerra Civil*
67. *Poesia catalã: das origens à Guerra Civil*
68. *Poesia espanhola: das origens à Guerra Civil*
69. *Poesia galega: das origens à Guerra Civil*
70. *O chamado de Cthulhu e outros contos*, H.P. Lovecraft
71. *O pequeno Zacarias, chamado Cinábrio*, E.T.A. Hoffmann
72. *Tratados da terra e gente do Brasil*, Fernão Cardim
73. *Entre camponeses*, Malatesta
74. *O Rabi de Bacherach*, Heine
75. *Bom Crioulo*, Adolfo Caminha
76. *Um gato indiscreto e outros contos*, Saki
77. *Viagem em volta do meu quarto*, Xavier de Maistre
78. *Hawthorne e seus musgos*, Melville
79. *A metamorfose*, Kafka
80. *Ode ao Vento Oeste e outros poemas*, Shelley
81. *Oração aos moços*, Rui Barbosa
82. *Feitiço de amor e outros contos*, Ludwig Tieck
83. *O corno de si próprio e outros contos*, Sade
84. *Investigação sobre o entendimento humano*, Hume
85. *Sobre os sonhos e outros diálogos*, Borges | Osvaldo Ferrari
86. *Sobre a filosofia e outros diálogos*, Borges | Osvaldo Ferrari
87. *Sobre a amizade e outros diálogos*, Borges | Osvaldo Ferrari
88. *A voz dos botequins e outros poemas*, Verlaine
89. *Gente de Hemsö*, Strindberg
90. *Senhorita Júlia e outras peças*, Strindberg
91. *Correspondência*, Goethe | Schiller
92. *Índice das coisas mais notáveis*, Vieira
93. *Tratado descritivo do Brasil em 1587*, Gabriel Soares de Sousa
94. *Poemas da cabana montanhesa*, Saigyō
95. *Autobiografia de uma pulga*, [Stanislas de Rhodes]
96. *A volta do parafuso*, Henry James
97. *Ode sobre a melancolia e outros poemas*, Keats
98. *Teatro de êxtase*, Pessoa
99. *Carmilla — A vampira de Karnstein*, Sheridan Le Fanu
100. *Pensamento político de Maquiavel*, Fichte
101. *Inferno*, Strindberg
102. *Contos clássicos de vampiro*, Byron, Stoker e outros
103. *O primeiro Hamlet*, Shakespeare
104. *Noites egípcias e outros contos*, Púchkin
105. *A carteira de meu tio*, Macedo
106. *O desertor*, Silva Alvarenga
107. *Jerusalém*, Blake
108. *As bacantes*, Eurípides
109. *Emília Galotti*, Lessing
110. *Contos húngaros*, Kosztolányi, Karinthy, Csáth e Krúdy
111. *A sombra de Innsmouth*, H.P. Lovecraft

112. *Viagem aos Estados Unidos*, Tocqueville
113. *Émile e Sophie ou os solitários*, Rousseau
114. *Manifesto comunista*, Marx e Engels
115. *A fábrica de robôs*, Karel Tchápek
116. *Sobre a filosofia e seu método — Parerga e paralipomena (v. II, t. I)*, Schopenhauer
117. *O novo Epicuro: as delícias do sexo*, Edward Sellon
118. *Revolução e liberdade: cartas de 1845 a 1875*, Bakunin
119. *Sobre a liberdade*, Mill
120. *A velha Izerguil e outros contos*, Górki
121. *Pequeno-burgueses*, Górki
122. *Um sussurro nas trevas*, H.P. Lovecraft
123. *Primeiro livro dos Amores*, Ovídio
124. *Educação e sociologia*, Durkheim
125. *Elixir do pajé — poemas de humor, sátira e escatologia*, Bernardo Guimarães
126. *A nostálgica e outros contos*, Papadiamántis
127. *Lisístrata*, Aristófanes
128. *A cruzada das crianças/ Vidas imaginárias*, Marcel Schwob
129. *O livro de Monelle*, Marcel Schwob
130. *A última folha e outros contos*, O. Henry
131. *Romanceiro cigano*, Lorca
132. *Sobre o riso e a loucura*, [Hipócrates]
133. *Hino a Afrodite e outros poemas*, Safo de Lesbos
134. *Anarquia pela educação*, Élisée Reclus
135. *Ernestine ou o nascimento do amor*, Stendhal
136. *A cor que caiu do espaço*, H.P. Lovecraft
137. *Odisseia*, Homero
138. *O estranho caso do Dr. Jekyll e Mr. Hyde*, Stevenson
139. *História da anarquia (vol. 2)*, Max Nettlau
140. *Eu*, Augusto dos Anjos
141. *Farsa de Inês Pereira*, Gil Vicente
142. *Sobre a ética — Parerga e paralipomena (v. II, t. II)*, Schopenhauer
143. *Contos de amor, de loucura e de morte*, Horacio Quiroga
144. *Memórias do subsolo*, Dostoiévski
145. *A arte da guerra*, Maquiavel
146. *O cortiço*, Aluísio Azevedo
147. *Elogio da loucura*, Erasmo de Rotterdam
148. *Oliver Twist*, Dickens
149. *O ladrão honesto e outros contos*, Dostoiévski
150. *Diários de Adão e Eva e outros escritos satíricos*, Mark Twain
151. *Cadernos: Esperança do mundo*, Albert Camus
152. *Cadernos: A desmedida na medida*, Albert Camus
153. *Cadernos: A guerra começou...*, Albert Camus
154. *Escritos sobre literatura*, Sigmund Freud
155. *O destino do erudito*, Fichte

Dados Internacionais de Catalogação na Publicação – CIP

F445   Fichte, Johann Gottlieb (1762–1814).
O destino do erudito. / Johann Gottlieb Fichte. Organização e tradução de
Ricardo Barbosa. – São Paulo: Hedra, 2014.

Título original: *Einige Vorlesungen über die Bestimmung des
Gelehrten*

ISBN 978-85-7715-355-8

1. Fichte, Johann Gottlieb (1762 – 1814). 2. Filosofia. 3. Filosofia Alemã.
4. Ciência. 5. Erudito. 6. Preleções Filosóficas. I. Título. II. Barbosa, Ricardo,
Organizador. III. Barbosa, Ricardo, Tradutor.

CDU 141
CDD 193

Adverte-se aos curiosos que se imprimiu este livro na gráfica
Cromosete, em 26 de maio de 2014, em tipologia Libertine, com
diversos sofwares livres, entre eles, LuaLaTeX, git & ruby.